女たちが語る歴史

うない〈女性〉の記録

下

沖縄篇

川田文子

「戦争と性」編集室

本書は、川田文子著『つい昨日の女たち』（一九七九年・冬樹社）、『女たちの子守唄』（一九八二年・第三文明社）、『琉球弧の女たち』（一九八三年・冬樹社）の三冊を再編集し、上下二分冊にしたものです。

女たちが語る歴史
下＝沖縄篇
——うない〈女性〉の記録

目次

琉球弧の女たち

※「臍阿母《フスチアボ》」「辻の女　その1」「辻の女　その2」は『女たちの子守唄』から収録しました。

上巻＝北海道・東北・上信越篇　目次

つい昨日の女たち

Ⅳ　唄のある女たち

女たちの子守唄

装幀　高麗隆彦

女たちが語る歴史

下＝沖縄篇

——うない〈女性〉の記録

琉球弧の女たち

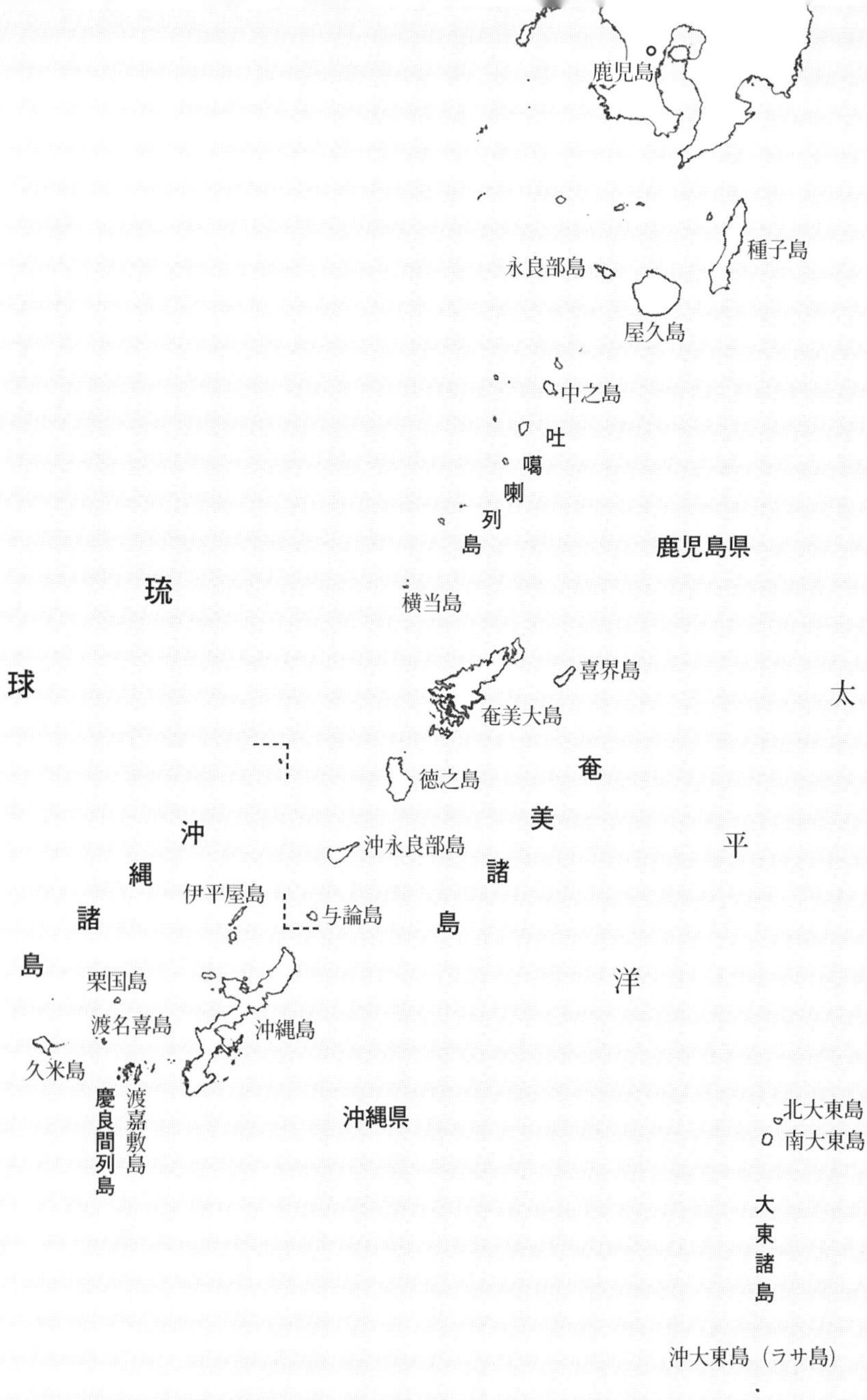
鹿児島
種子島
永良部島
屋久島
中之島
吐噶喇列島
鹿児島県
琉球
横当島
喜界島
球
太
奄美大島
徳之島
奄美諸島
沖縄諸島
平
沖永良部島
伊平屋島
与論島
洋
栗国島
渡名喜島
沖縄島
久米島
渡嘉敷島
慶良間列島
沖縄県
北大東島
南大東島
大東諸島
沖大東島（ラサ島）

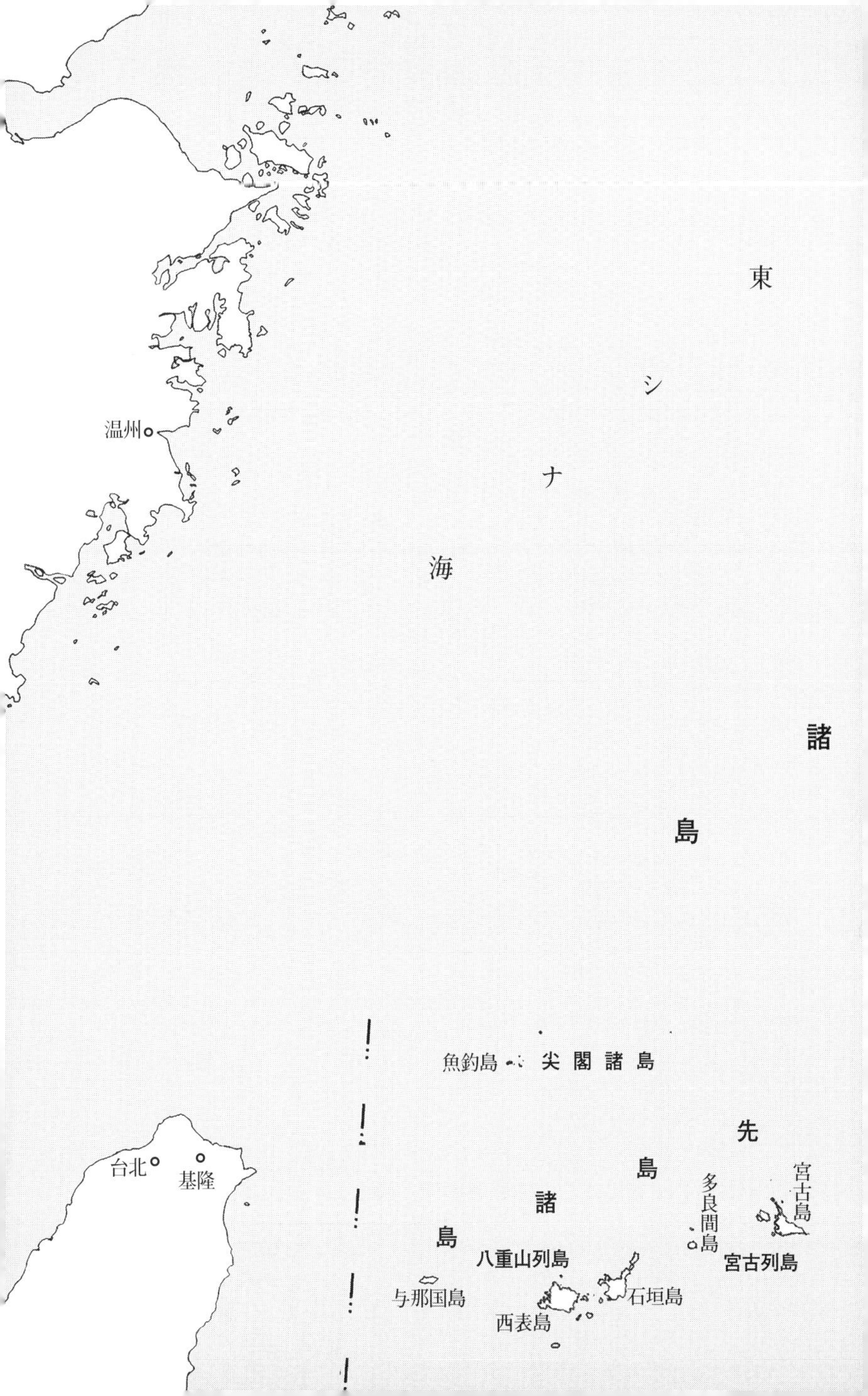

東シナ海
温州
諸島
魚釣島
尖閣諸島
先島諸島
多良間島
宮古島
宮古列島
八重山列島
与那国島
石垣島
西表島
台北
基隆

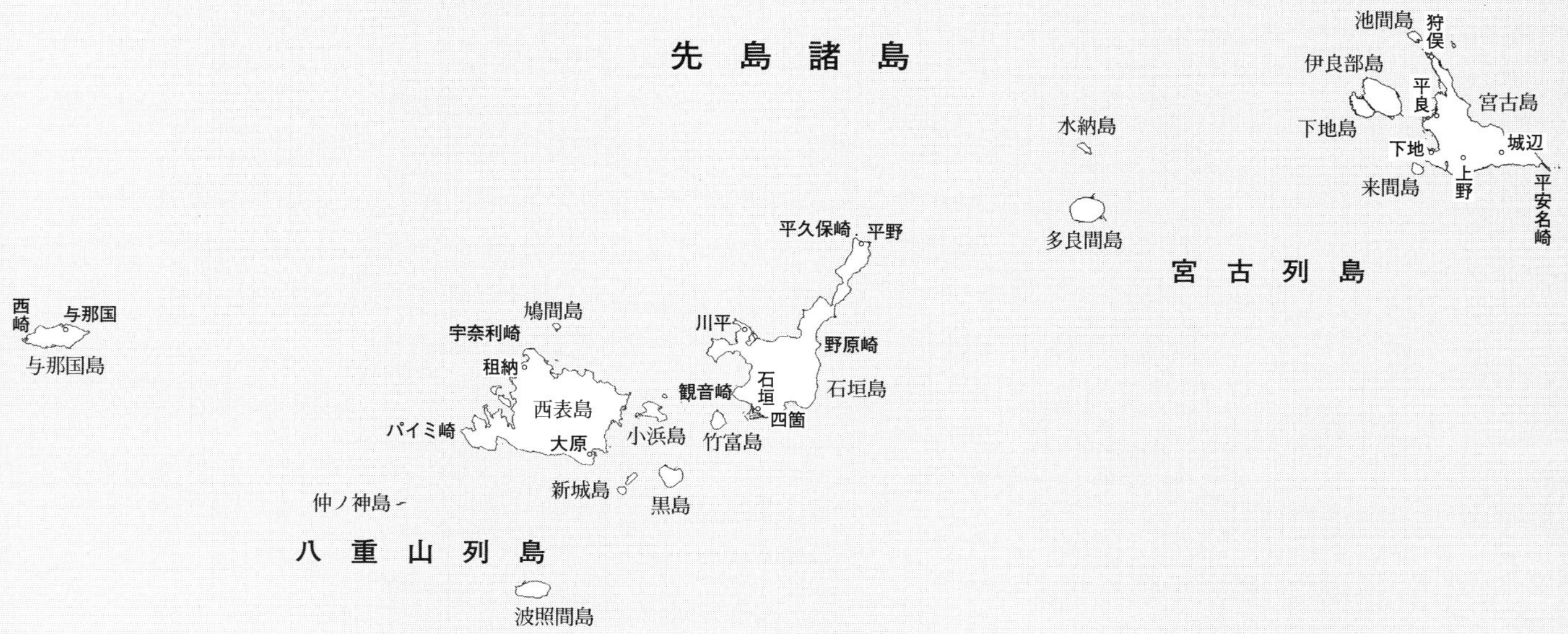
先島諸島
宮古列島
八重山列島
池間島
狩俣
伊良部島
平良
宮古島
下地島
下地
城辺
来間島
上野
平安名崎
水納島
多良間島
平久保崎
平野
川平
野原崎
石垣
石垣島
四箇
観音崎
竹富島
小浜島
鳩間島
宇奈利崎
租納
西表島
パイミ崎
大原
新城島
黒島
仲ノ神島
波照間島
西崎
与那国
与那国島

1　沖縄の遙かな日々へ

ヤマトンチューに破壊された毛遊《もうあし》びー

〝月遊び〟〝道遊び〟〝野遊び〟〝浜遊び〟

毛遊《もうあし》びーのことを知ったのは、いつだっただろうか。まだ、沖縄へ一度も行ったことがなかった、確か、N君に出遇った頃だ。沖縄から東京に働きに来ていたN君にはじめて遇ったのは、ハーフの若者が集うあるグループの会合だった。その頃私は、『世界画報』というグラフ雑誌の編集部にいて、〝ある青春〟という連載を担当していた。その会合へは取材申入れをするために出向いたのである。

取材は拒否された。マスコミの報道は歪《ゆが》んでおり、彼らの実情を正確に捉《とら》えようとしない、というのがその理由であった。私はそれに対する見解をかなり強引に述べた。紙に色さえ着いていればセールスマンが売るといった安易な営業方針の下で出されていた自分が編集にたずさわる雑誌の、世間に対する影響力など実感できずにいたが、もし、読者と通じることができるとすれば、編集者個人の気概でしかない、と、必死に思わなければ、日々の作業を続けられない劣悪な編集部態勢の中に身を置いていたから、〝マスコミ〟の一員に大雑把にくくられてしまったそぐわない感覚、いやそれ以上に、彼らの真意に触れられないまま、語調だけ高くなって空転したやりとりが寂しく、砂を噛むような想いで帰途についたのだった。いつもなら楽しい集いのひとときを過ごしただろうに、彼らにしてみればとんだ闖入者《ちんにゅうしゃ》のために後味の悪い一日となってしまったに違いなく、日暮れ時、誰もが言葉少なに郊外の町の駅に向かった。と、後から声をかけてきた青年がいた。

「僕、取材に応じてもいいよ」

それがN君だった。道すがら、N君は、そのグループの中の矛盾を語った。ハーフや外国籍の者に対する人々の視線の中にやりきれないものを感じて彼らは集まってきていたのに、そのグループのメンバー同士の間でさえ、アングロ・サクソン系を頂点とする差別が存在するというのである。そして、そうした傾向は、ある黒人系の少年による連続殺人事件が起きて以来いっそう強くなったという。私もその事件は新聞や新書版にまとめられたルポルタージュを読んで少なからず気になっていた。少年は、郊外の住宅地のはずれの家ばかりを狙い、一人で留守居をしている若い主婦を殺した後、例えば股間にきゅうりをねじ込む、といった凄まじい蹂躙《じゅうりん》の仕方をしており、社会に対する少年のやりばのない復讐心を、ルポルタージュの著者はみてとっていた。

N君の父親はメキシコ系アメリカ人。母親は、米軍支配下にあった沖縄で一時期米兵に身を寄せて生計をたてていた。少年時代、〝アイノコ〟〝売女《ばいた》の子〟とののしられ、石つぶてを投げつけられるから、決して表通りへ出ることなく、裏道ばかりを隠れるようにして学校へ通ったと、自分自身の悲しい記憶をもN君は語った。その頃、ようやく沖縄での復帰運動が報道機関を通して伝えられるようになってはいたが、沖縄は、私には見知らぬ遠い島で、N君が学校の行き帰り通ったという基地の町の路地裏の風景を想像した。N君は、辛い記憶の塗り込められた沖縄を、中学卒業と同時に逃れるようにして出て、船員等、いくつかの職を転々としながら東京へ来たのだ。

三回、四回と回を重ねて話を聞いていたある晩、N君は沖縄から来ていた姉妹が新宿で営む小さな飲み屋に私を誘った。そして、三線《さんしん》をつまびいた。酒も飲まないのに私は、はじめて聞くやや濁りのある、だが甘くのびやかな三線の音に酔いしれ、傍らにあった歌集のページを繰った。〝毛遊《もうあし》びー〟の文字をはじめて目にしたのは、その歌集の中でである。

月の明るい晩、若い男女が浜に出て、群れ集うて遊ぶ、という説明に、行ったことのない沖縄の風習にロマンを感じ、その感触をN君がつまびく三線の音が増幅した。

それから数年の後、N君がハーフのグループの沖縄支部のリーダー的存在になっていることを、ある新聞記事で知った。沖縄が本土復帰した頃のことだ。N君は沖縄へ帰ったんだな、と私は思った。自らの出生から逃れることをやめて……。

N君に遇ってから四、五年程の時を経て、沖縄へ足を運ぶようになったのだが、毛遊《もうあし》びーのことをついぞ尋ねてみる気にならなかったのは、それはもう、活字の中でしか知ることのできない、遠い時代の幻想のように思い込んでいたからだ。ところが、毛遊びーは思いのほか近年まで行なわれていたことを知った。

石垣島の石垣小学校のすぐ側で、学童相手に駄菓子や雑貨品等を商う花城ミヨさんは、たくさん歌を知っていると聞いて、私は歌を聞きにミヨさんを訪ねたのであった。

ミヨさんは、私が会った時、八七歳だったが、共働きをしている息子夫婦の留守の間、一人でつくねんとしているより、子どもたちの元気な顔を毎日見ていた方がよほど楽しいと、その小商いをしていた。

ミヨさんが多くの歌を知っていたのは、なによりも歌が好きだったからだ。それら多くの歌をミヨさんは毛遊びーをする野っ原の方から聞こえてくる三線の音に耳をすませて聴き覚えたのだといった。が、ミヨさん自身は士族の家柄を重んじる両親に禁じられて、その遊びに行ったことはなかったという。外に出れば月が皓々《こうこう》と明るい夜更け、かなたから聞こえてくる若者たちの歓声を、歌の好きなミヨさんはどれほどジリジリした想いで耳にしたことか。現代の若者たちがラジオやレコードやテレビやコンサート等で新しい歌を覚えるように、ミヨさんは、毛遊びーをする野っ原の方から聞こえてくる三線の音に耳を澄ませてその時々の流行《はや》り歌を聴き覚えたのだ。

三線をつまびく若者を中心にしてできた輪の中には、格別歌の上手いスターが何人か生まれただろうが、その輪の中に入ることを禁じられなかったら、八七歳でもなお美声の衰えないミヨさんもきっと、その一人になっていたに違いない。

はるかな時代の遠いロマンのように思い描いていた毛遊びーは、思いもかけない形で私の前に現われた。士族の子女はその遊びを禁じられていた、という毛遊びーの実際にはじめて触れて、ある解放空間のように思い込んでいた世界にも階級があったのかと失望しはしたものの、それが遠いロマンなどではなく、手の届くところにあることを知って、私は胸をワクワクさせた。そして、ミヨさんに尋ねたものだ。その遊びを遊んだ人がいるだろうか、と。ミヨさんは幼い時からの友だちだという平良《ひらら》コヤさんを紹介してくれた。コヤさんの家は農家だったからよく遊んだはずだといった。士族とか平民という階級制が人々の生活を律していたその頃、毛遊びーは〝平民〟の出の若者たちを中心に遊ばれたのだ。

「三線《さんしん》の音、ある。ある」

平良コヤさんは明治二二年生まれ、はじめて会った時、「あと二、三日したら九一になります」と、二〇人目の生まれたばかりの曽孫《ひまご》が眠る傍で微笑んでいた。耳朶《みみたぶ》が顔を動かす度に、ゆらゆらと揺れそうで、それほどに長く垂れ下がっているのは、コヤさんの個性というよりは長寿のせいだろうか、と私は思ったりした。コヤさんの高齢と、にもかかわらず元気な姿にすっかり感動してしまい、そして、長居をしてはやはり負担になるだろうと、あわてて若かった頃の生活のあれこれをたずねた。

その日、コヤさんへの私の問いが様々に飛んだのは、コヤさんほど高齢で元気な方に遇える機会はそう多くはないだろうとの思いから何でも聞いておきたかったからだし、また、初対面のコヤさんに突然〝毛遊びー〟のことをきり出すのは失礼になるのだろうか、との懸念がかすかに浮かんだからだ。学童相手に駄菓子を売っていたミヨさんが話していたように、士族の娘が毛遊びーに行くことを禁じられていたなら、毛遊びーを卑《いや》しみ、蔑《さげす》む士族の視線は、それを楽しく遊んだ人々にさえ、何らかの陰影を投げかけているかもしれない。だが、それは私の杞憂《きゆう》のようであった。九〇年余のコヤさんの長い人生を聞くにはあまりにも時間が短く、その片鱗にさえ触れることはできなかったのだが、機織《はたお》りの話から御用布《ごようふ》、つまりコヤさんの一歳上の人までが課されていたという人頭税の話に移り、そして、〝毛遊びー〟に移った時、いっさいの煩悩《ぼんのう》から解き放たれたように透明に見えたコヤさんの頰がほっとほころび、初々《ういうい》しく恥じらいながらも声がはずみ、その恥じらい方に七〇余年前の娘時代のコヤさんの姿を見る思いがした。いや、その時のコヤさんの微笑みは、不躾《ぶしつけ》な闖入者《ちんにゅうしゃ》の唐突な問いへの苦笑いであったかもしれない。それとも、遠い記憶の底の思春期の思い出を手繰《たぐ》りよせることが、面映《おもは》ゆかったのだろうか。

「うちなんかの年まであんなことあっただろうね。もう一つ二つ下まであったか、それから毛遊びーというの、ないよ。男なんかは三味線弾くし、女たちは歌ってね、村中《むらなか》は利用できんから、村のはずれの野原で。夕御飯すんだらね。昼は難儀して歩くから、夜してね。夜中まで遊んで。三味線の音聞こえたら、『あ、三味線の音、ある、ある』ってね。若い者、集まる時はたくさん集まってね。二、三人三味線弾く人がおったら上等に歌う」

コヤさんは、自分たちが毛遊びーを遊んだ最後の世代か、あるいはひとつふたつ下の人も遊んだだろうかといった。コヤさんより三歳年下のミヨさんも野原の方から聞こえてくる三線《さんしん》の音に耳を澄ませて歌を覚えたのだから、もちろんコヤさんのいうひとつふたつ下というのが厳密な意味での一、二年ではないにしても、間もなくその遊びはコヤさんが生まれ育った石垣の若者たちの間では遊ばれなくなったのだろう。

「うちなんかの時までね、みんな農業している。学校も出ないしね。学校がないもんだから、あんなに（野に）集まって遊ぶ。学校もうちなんかの一〇ぐらいの時にみんな出るようになったもんだから、一年生ぐらい、二年生ぐらいまで出たかしら。何にもわからん。出ても出ないでもいいぐらいにね」

毛遊びーをしたのは学校がないからで、一、二年しか小学校へ通わなかった少女時代、昼間は存分に野良仕事をする親の手伝いをし、そして夜になると三線の音に誘われて野に遊んだというのである。

八重山に初めて小学校ができたのは一八八一（明治一四）年のことである。コヤさんが生まれる八年前だ。が、最初は女子の入学は絶無であった。『新八重山歴史』（牧野清著・一九七二）にこんな一文が載っていた。

「同年（註・明治二六年）四月、始めて女生徒を入学せしむ。父兄大いに反対し、唯、川平・平得二分校が六〇名入学したが、有名無実にして川平のみ十余名出校した」

この時、コヤさんは満四歳。コヤさんの住む石垣ではまだ女子生徒は一人も通っていない。女子生徒の入学を「父兄が大いに反対し」たその理由は明らかにされていない。川平《かびら》と平得《ひらえ》二つの分校に六〇名の女子生徒が入学したのは近代国家確立を急務とする明治政府が国民皆学を目指すとともに、特に沖縄にあっては皇民化教育を急ぐという二つの理由から、その命を受けた学務委員らによって督励《とくれい》されたのだろう。だが、学務委員らの強い勧めで六〇名が入学したものの、実質的な授業を受けたものはそのうち一〇余名しかいなかったことがわかる。それから五、六年後、女子も徐々に学校に通うようになって、そうした風潮につられるように、コヤさんも一〇歳位の時、一、二年だけ通ったのである。けれど、一、二年位では、学校で何を覚えたものか、たいした成果はなく学校へ行かないのも同然であった、とコヤさんはいった。

コヤさんは、もの心つく頃には、もう充分両親の仕事を助けていた。女子の入学を保護者が反対したのは、子どもたちも立派な労働力で、その労力が惜しまれたのである。貧しい家庭では男子も学校へ通えない子が少なくなかった。一般に女子の入学が男子に較べて遅れたのは、その後の男女の進学率の差の基底にあるものとたいして変わらないに違いなく、社会とつながるために教育の場で得る知識が、女子よりは男子の方が必要と考えられたためであろう。

コヤさんは広い田と畑を持つ比較的大きな農家の長女だったから、しかも、コヤさんの下は妹ばかりで、親たちが待ち望んでいた男の子が生まれたのはようやく五人目で、その弟が田畑の力仕事ができるようになる間、長女だったコヤさんがずっと、男のするような仕事までしていたのである。コヤさんは「女が男がわりに、いっぱい男使いされた。田んぼ鋤《す》かしたり、畑鋤かしたりね。馬車までうちは持ってるよ。馬車まで持った女はうち一人だはずよ」と、重い荷のあげ降ろしなど、男まさりの労働に自分が耐えられたこと、そして、当時田畑の耕作は畜力によるところが大きく、家畜は農民にとって大事な財産であったのだが、それをあずけられたことを誇っていた。

毛遊びーは、まだ近代の教育制度が普及していなかった時代、親の仕事を手伝うことで大人になっていった頃の若者たちが、昼間、炎熱の太陽の下で労働に肉体を消耗させた一日の終わりに存分に羽を伸ばす場であった。

コヤさんの家を辞しての帰り道、三線の音が聞こえてきたら、「あ、三線の音、ある、ある」と心浮かせて、親にかくれて村のはずれの野原へ、三線の音を頼りに行ったと、コヤさんが声をはずませて語ったことを、私も心浮かれて、何度も反芻《はんすう》した。

その旅で、石垣島から与那国島《よなぐにじま》へ渡った時、私は折あるごとに毛遊びーのことを尋ねてみた。

「うちは爺ちゃんと一緒にうんと、あきれるまで農業やっておった。特に爺ちゃんは気が荒くてね、もう身体も強くて、病気もない人であってね。だから、いつも私を(畑へ)連れて行ってやっておった」

一緒にあきれるほど農業をしたその爺ちゃんと波平《なみひら》ナサさん(明治二九年生まれ)とは同じ祖納《そない》部落に住む幼な馴染で、毛遊びーをともに遊んだ。毛遊びーに集まるのは、同じ部落の若者同士である。与那国では、ナサさんと同じ世代の若者たちの多くがともに毛遊びーを遊び、そしていつしか、同じ部落の異性と結ばれていったのである。

ナサさんはその遊びのことを〝月遊び〟とか〝道遊び〟と共通語でいった。また〝野遊び〟とか〝浜遊び〃とも聞いた。それぞれの言葉を与那国の方言では何というのか聞きそびれたが、だいぶ後になって、ある書物の中で野原のことを「毛」というのを知り、ならば、〃毛遊びー〃を共通語にい い換えれば〃野遊び〃というのだろうと思った。沖縄方言を解さない私には、〃毛遊びー〃というその言葉が、どんな感触なのか、想像さえつかないのだが、〃月遊び〃〃道遊び〃〃野遊び〃〃浜遊び〃と共通語に置き換えられたそれらの言葉でさえ、月の明るさやのどかな里の様子、野の草の香、そして潮騒までもが聞こえてくるような気がして、その遊びを遊んだ若者たちが、人と人との交わりとともに、そうした自然とも睦《むつ》み合っただろうことが察せられる。

「必ずね、月があったら月遊びに出るさ。浜に遊びに。こっちの護岸積んだ所は浜であったよ。ずーっと白浜が並んでおるからね。もう一七、八、九としたらたいてい娘になっているからね。友だち一緒連れてね、遊びに行くさ。また男の子どもらも出て行くさ。年もいった男も出るし、女も出るし、若い女も一五、六としたら出るし、男も女も連れ合って遊ぶさ。こっちに群れつくって、あっちに群れつくって、唄をうたったり、遊んだり。三味線なんか弾く人もおった。また、今の保健所のところは与那国の一の所だから、中道《なかみち》と村の真ん中の道を名づけておるからね。こっちで遊ぶ時もある。子どもら若い者たちはね、こっち（中道）の石垣に坐って、唄をうたったり、話をやったり、遊んで、それから浜に行って遊ぶか、家に帰るか、また野中にまわって遊ぶ人もおる。縁がうつってくる人なんか、ずっと（群れから）別れていくさ。連れ合いする人は誰誰とわかるからね、自分で忍んでね、忍び遊び。浜で遊んでも人に見られない。また村の口、広場があるだろ。あそこへ二人で行って遊ぶ人もいるし、自然と男も女も頭（知恵）がついてくる。大勢で遊ぶよりこの人とつき合ったらこの人とだけ連れ合うのがいいという気持が出てくるだろ。家で遊んでも、野で遊んでも二人は自由だからね。私としてはその時は子どもだから、まあ遊んだら家に帰るだけであったけれどね、そんな遊びがあった。うんとあったよ。私の時代まではね、女でも男でもたいがい結ぶ人は結び、浜に遊びながら縁が結んでね、夫婦になった人もたくさんおった。その時は（私は）五、六、七位だったからね、やったらおそろしいとして家に帰って来てみて、また次の夜になったら友だちがおるだろ。道なんかに出て。また、こわい、として家に帰ったり、こんな時代だ。だんだん大きくなってからね、浜遊びもなくなって、自然と出ることはなくなった。私時代から後にはできなかった」

ナサさんが月の明るい夜、野や浜に遊んだのは一五、六、七歳の頃だ。女友だちと連れ立ってたいていは中道に行った。その道は村中《むらなか》にあって、西村と東村の間にあることから〝中道〟の名で親しまれていたのだ。その道沿いの、今は保健所のあるあたりが、夜遊びの経験の浅い、したがってまだ忍び合う〝連れ〟も定まってはいない少年少女たちのたまり場になっていた。人家の石垣にもたれて、ナサさんらはおしゃべりに興じ、唄をうたい、そのまま家に帰ることもあるし、時に年長者に誘われて浜に降りて行くこともある。ナサさんが「護岸積んだ所」といったのは、泊浜のことである。現在ではその近くに港ができて、コンクリートで固められているが、かつては白浜が続く美しい浜であったという。そこでも月明かりにいくつかの人影が群れ、若者たちの歓声が潮の香にのって響いてきた。娘たちはほの白い月の光を頼りに影踏みにさんざめき、腕っぷしに自信のある若者たちは砂に足をとられながら格闘し、たわむれた。三線を弾く若者もいる。その周囲には唄の輪ができ、そして、いつしかそうした群れからはずれて夜陰に忍ぶ男女もいた。

　ナサさんはまだ年若かったから、たまに浜に降りることはあっても、たいがいは中道で遊んだ。台風の多い沖縄では、風を避けるために屋敷の周囲を、穴が無数に空いた珊瑚礁の石を積んで囲い、さらに緑濃い福木を植えている。その石垣にもたれておしゃべりに興じ、唄をうたい、その輪の中でナサさんはいつしか一人の少年の熱い視線を意識し始め、そして、ふとした折、少年の誘いを受けるけれど、ただそれだけでぽっと顔を火照《ほて》らせ、家へ逃げ帰って来た。だが、また次の日、夕食を済ませた頃、女友だちが誘いに来る。それで、何か起こりそうな気配に漠とした恐れとほのかな期待におののきながら、中道に行く。すると、やはり少年も来ており、群れの中で少年の視線に射《い》竦《すく》められた。

　与那国に「ゆなははら」というこんな唄があるという。

ゆなははら　みやらび　　与那覇原みやらべ
くてやりやふあぬ　あはりやす　　一人娘の可愛の
ゆあすび　はまにうり　　夜遊浜（波多《はんた》）に下り
くゆあすび　とまいにうり　　月夜あそび泊（祖納）に下り

みやらびば　みかぎようり
あはりやすば　みかぎようり
ゆぬさふみ　やかいりき
ふみかいし　やむどりき
ばやぬあぶんき　つありたば
あたあぎるた　まてやみり
ゆぬあぎるた　まてやみり
あたあぎるた　いちまてや
ゆぬあぎるた　なゆまてや
どしきたいんで　ありどす
ばらたいんで　ありどす
どしきたいに　ひばくみ
ばらたいに　ひばくみ
ひきあがらし　みりば
いるみりやん　ばがみやらび
まりみりやん　ばがすみや

美童を見染め
愛人を定め
ひきかえして吾家に戻り
ふみかえして吾家に戻り
おばあさんに話したら
明日まで待ちなさい
夜が明けるまで待ちなさい
明日までどうして待ちますか
夜の明けるまでどうして待ちますか
薄炬火もあるではないか
わら炬火もあるではないか
すすき炬火に火を入れ
わら炬火に火を入れ
燃やして明るくして見れば
色を見ても私の美童
姿を見ても私の恋人

『與那国の歴史』（池間栄三著）より

月夜遊びに浜に降りた青年が愛らしい娘を見染め、家にとんで帰り、そのことをおばあさんに話したやりとりが軽快なテンポでうたわれる。淳朴な青年の恋心は、声をかけられるとぽっと頬を染め、家へ逃げ帰ったというナサさんの恥じらいに対応しているようだ。

沖縄には若い男女が集う場として毛遊びーの他にヤガマヤがあった。与那国ではヤガマヤはドナビと呼ばれていた。前出『與那国の歴史』にはドナビについて次のように説明されている。

「島の娘達は年頃（十五、六歳）になると、ドウナビ（夜業）へ行った。夕飯がすむと、村の若者達も、誘いあって、馴れ合いの家に集まり、そこで民謡をうたい談笑しながら、男は縄綯《なわな》い、女は糸紡《いとつむ》ぎをしたのである。たいていのドナビは、夜遊びが目的であって、仕事は言いわけのようなもので、夜がふけると、男女はつれ立って、ドナビの座から波多浜《はんたはま》へ行った」

「ドナビ」は「夜業」となっている。共通語の「よなべ」と通じているのだろう。

月の明るい晩は、夕食を済ませるのももどかしいぐらいに野や浜に出て行ったのだろうが、朝起きてから夜寝るまで、寸分の暇もなく身体を動かして働く親の姿を見て育った若者たちは、大人の夜なべ仕事を見習ってドナビをした。村に何軒か、若者たちが集まるのを快く迎える家があり、その家でドナビは行なわれたのである。男たちは農作業に必要な縄を綯い、女たちは芭蕉《ばしょう》や苧《お》を紡いだ（後出「幻の子守唄を訪ねて、保良へ」「歴史を紡ぐ女たち」参照）。夜更けまでおしゃべりに花を咲かせ、唄をうたいながら夜なべ仕事をし、そのまま一日を終えることもあったが、誰か一人が席を立つと、それにつられて野や浜に出、ドナビから毛遊びーに移っていくこともあった。

開かれた母性、開かれた父性

ナサさんは、石垣島のコヤさんと同じように毛遊びーを遊んだ最後の世代で、祖納《そない》で浜遊びが消滅するちょうどその頃、思春期を過ごしたといった。ナサさんが夫と結ばれたのは二二、三歳である。その頃にはもうナサさんは泊の浜へは行かなかった。

「うちの父ちゃんとしてもね、浜中、野中には行かないけれども、自然に縁が移って、親が結ばないでも自分でやった夫だよ」

ナサさんの結婚は、双方の親から反対された。ナサさんは八人兄妹の末っ子である。そのために、農民の子としては珍しく、農業を手伝うこともなく、小さな時から気ままに育てられた。学校も、尋常小学校を終了した後、高等小学校にも通った。与那国の小学校に高等科が設けられたのは一九〇四（明治三七）年のことで、それからまだ間もなく、女子でナサさんの前に高等科へ進んだのは二人しかいなかった。けれど、一人は中途でやめているので、卒業したのは一人である。ナサさんと同じ年には大和から派遣されてきていた巡査の娘がもう一人いたきりである。ナサさんの父親は本人が望めば女学校へも出すつもりであった。だが、ナサさんは島を出、親元を離れて勉学するほどの勇気はなくて、女学校へは行かなかった。

「私はずーっと学校に出てね、畑には行かなかった。自儘《じまま》にね。またできるだけは勉強させるとお父ちゃんが考えているからね。何もやらなかったよ。遊び一方」

田畑の仕事を手伝わず、学校に出ることが遊びと考えられるような、そんな時代のことである。

『與那国の歴史』に与那国に小学校ができた頃の父母たちの反応が次のように記されている。

「当時の父兄の大多数は教育無用論者であったと云う。それで父兄の中には酒肴携行で、要路役人を訪問して、子弟の就学免除を歎願したのも多かったようである。……中略……それほどまでに子弟の授業時間を惜しみ、租税のために血みどろになって働いていた」

親が子どもの授業時間を惜しみ、学校へも出せなかったのは、生産高の七割もの率で課された人頭税のためであったという。その時代から、まだ何年も経ってはいない。

夫の両親は、あんなに遊んで育った娘は嫁にできない、といって反対した。夫の家は広い田畑を持つ篤農家《とくのうか》であった。ナサさんの両親の方は「あんな仕事のきつい家に行ってもつとまらないだろう」といって心配し、反対した。

「けれどもね、自分が結ばれておるから、相手とは。どうなっても行くと、やってきたよ。自分の勝手にいいと思って、嫁にもならないうちに長男が生まれてからね、もうようやくきたわけさ。子どもが生まれてから自然に（双方の両親も）気に入ったよ。うちがまあ、爺ちゃんと結んだ時はね、二一、二くらいね。二五歳になってから長男が生まれたよ。昔は自分の見込みでどんどんなっていったさ」

双方の親の反対があったが、ナサさんは自分が心を寄せた人と結ばれ、そして子を産んだ。ナサさんの婚姻が成立したのは子が生まれてからのことである。それは、双方の親の反対によるというよりも、招婿婚《しょうせいこん》の名残りである一時的婿《むこ》取り婚がまだ与那国に残っていて、少しも珍しいことではなかった。

沖縄ではごく一部の上流家庭では比較的早くから嫁入り婚も行なわれたが、農民の間では招婿婚時代が長く、数年間の一時的婿取り婚は明治後期まで続いた。ドナビや毛遊びーで心を通わせ合い、結ばれた男女が婚姻に移って行くのは女の妊娠や出産を契機になされ、それまでは男が女の家へ訪れるという妻問《つまど》いの形をとったのである。

「ドナビで男女が結ばれると、男は女の家へ通い始め、その内に女の家に寝泊まりするようになり、終わりには女の家の仕事を手伝うようになるのであった。その仕事ぶりで、女の親たちの心は左右されたのである。……中略……その内に両家の話し合いが纏《まと》まると、旧暦の大晦日《おおみそか》の夜に、ニダ・ムテナシを行なった。両家の話が纏まるのは、大てい、妊娠の徴候が現われた場合、子供が生まれた場合等であった。話し合いの主なるものは、婿が嫁方の家事を手伝うことであった」（『與那国の歴史』）

ニダ・ムテナシというのは「女の寝床を男の家に移す意味あいの祝い事」で、女は祖母や叔母たちが織ってくれた着物二、三枚と蓆《むしろ》一枚を持ち、「男の家の裏座へ入り込むだけ」、「表座敷には、両家の近い親類が寄り合って、酒をくみ交し、夫婦の前途を祝」すという簡単なものだったという。

ナサさんの結婚は、双方の親の反対を押しきってなされたが、そのことも、当時としては珍しいことではなく、毛遊びーの習慣の残っていた島びとの間では、親の同意よりも、婚姻は当人同士の意志によってなされた。強いていえば、女の方の親の同意が得られれば、それでよく、男の親の反対は、たいした障害にはならなかったのである。

その頃の与那国の多くの女たちは婚姻前に子を産み、子が生まれて後はじめて独立した家庭を築くに至った。けれど、毛遊びーで結ばれても添いとげられない男女、さらに、子が生まれてもともに暮らすことができない男女もいた。

「結ばれてもならない人もおるさ。男が厭《あ》きるか、女が厭きるか。だから別れるさ」

月の夜空に歓声を轟《とどろ》かす群れの中で、実は個々の若者たちは生涯の伴侶を得るという、切羽詰まったドラマを展開していたのだ。いや、そのような打算としてではなく、感情の昂《たか》ぶりと、身体の深奥《しんおう》から迸《ほとばし》る欲求につき動かされて、切ない想いを絡ませ合っていたに違いない。円満に結ばれたかに見えた一対の男女も、あるいはそれ以前に他の異性との間で手痛い傷を負っていたかもしれず、野や浜での遊びは、少年少女期から大人へ移行する時期の、まだ未熟な個々の性を賭けての試練の過程であった。その試行錯誤の中で新しい生命が娘の胎内に宿ることがある。そんな時、人々は新しい生命に対してどのような姿勢で向かったのだろう。

「それはやむを得ず、男が（自分に）向かなければね、自分でよく道つくっていかなければならないさ」

孕《はら》んだ子の父親との関係がうまくいかなくなってしまったような時、娘はその後の身の振り方を考えなければならない、とナサさんはいった。子の養育を男の方に託すのか、自分で育てるのか、それとも、どちらかの両親、つまり、子にとっては祖父母にあずけるのか。自分で育てる者も少なくなかった。そして、子とともに新たなる連れ合いとの生活を始めるのだ。

「男がぜひこれ（女）を欲しいと思ったらね、子ども連れてゆく。男にも（別の女の子どもが）おってもね、女が行く人もおるし、そんな人がいくらもおる。女に子があったら、（男が）自分で養育して成功させて、また、男に（別の女との子が）おったら、この女が立派に育てて成功させていく人いくらもおるさ。そんな問題はなかった。夫婦二人が承知だったらよかった」

男女のいずれかに別の異性と夜陰にしのんで遊んだ結果の子がいても、二人を結びつける障害になるようなことは「ないです」とナサさんはきっぱりいった。「女が別の男の子ども生んで妊娠して生まれもするしね、この子の実際の親が向かなければ、もうこれはやめて、別の男に行って、立派に子ども育てていく人もいる。それは自分の望みだからね。本当に意味が深いだろ。男が必ずこの女が欲しいと思ってもね、この女が、ああ、これはいや、と思ったらはねつけられる。子ども生んでもね、こんなになる。私の時代まではこんなことはちょいちょいあったよ」

「本当に意味が深いだろ」とナサさんは言った。私はナサさんの言った〝意味深さ〟を解しかねた。胎内に自分が交わった男の子を宿しても、あるいは子を産んでも、その男から気持が離れてしまったら、いくら男が一緒になることを望んでも、男の求愛を拒否する、そのように、女たちが自らの心情に誠実に生きたことを誇っていたのであろうか。それとも、懐胎という、男の分身を身の内にひき込んでもなお、男を拒否せざるを得なくなるそうした抑えることのできない人間の心のうごめきの不可思議をナサさんは語っていたのであろうか。

それにしても、そのようにして生まれた子の、家庭における位置が気遣われる。新たなる親との関係で、その子の幼年時代、少年少女時代に暗い影を投げかけるということはないのだろうか。ナサさんは言った。

「万が一、千が一、(義父母と子とが)気持ちが合わないことがあったかもしれないけれど、人によるよ。それは人によるさ。女がね、連れ子をとって別の人に移っていくだろ。だけど、この男が気持ちがよかったら立派に成功させる。それ、気持ちによる。なるべくはそんなことなくて、はじめからなっていくのがあたり前だけどね」

ある一定の年齢に達すると、野や浜に遊び、集団の中で性を開花させ、生涯の伴侶を得るという習慣を持つ人々の間では、その過程で不意に生まれ出た生命を決してないがしろにはしていなかった。ナサさんのいうように、大勢の中に何人かの例外があるにせよ、性を共有した人々は、その所産である生命をも共有したのである。別のいい方をすれば、開かれた母性、開かれた父性の所持者であったといってもいいだろう。つまり、女も男も母性と父性を自分の子に対してだけではなく、もっと拡がりをもって布衍《ふえん》させることができていたに違いない。

士族と平民の子〝グンボー〟の誕生

笹森儀助《ささもりぎすけ》（一八四五〜一九一五）が記した『南嶋探験』に次のような一文がある。
「……與那國嶋ノ私生兒最モ多キハ各群嶋ニ冠タリ。其比例公生兒四十ニ対シテ私生兒二十一ニ及ノ。之ニ次クハ竹富嶋トス。公生九十二ニ対テ十四ニ至ル。是一般一夫シテ二婦ヲ娶リ或ハ寄留人妾トナル者数多ナルニ因ルナルヘシ」

青森県弘前の士族であった笹森儀助が沖縄から宮古を経て、八重山の島々をまわったのは一八九三（明治二六）年である。与那国の〝公生児〟四〇に対して〝私生児〟二一であったのは、その頃のことであろう。八重山の島々の中では二位の竹富島を大幅にひき離している。その原因を笹森儀助は、一夫が二婦を娶《めと》り、寄留人の〝妾〟となる者が多いからだとしている。はたしてどうだったのか。

当時、島外から与那国に来ていたいわゆる〝寄留人〟は一七人であった。『南嶋探験』には「寄留戸数八、口数十七内男十二人女五人」と記されている。まだ人頭税制は続いているが、薩摩支配時代と異なるのは、寄留人の中に、役人の他、小学校の教員や巡査等、明治体制の執行者が新たに加わっていたことだ。〝女五人〟はそうした寄留人の妻子だろうが、単身赴任者の方が多いようだ。〝私生児〟二一の中に、寄留人の〝男一二人〟の子がいたとしても不思議ではない。それではなぜ、「寄留人妾トナル者数多」であったのだろうか。

宮良当壮《みやながまさもり》（一八九三～一九六四。沖縄出身の国語学者）の『琉球八重山諸島の民謡』（『宮良当壮全集11』第一書房刊・一九八〇）の中に、八重山で士族の男と平民の女の間に生まれた子がグンボーと呼ばれ、士族とは婚姻が許されない平民の女が別の平民の男のもとに嫁《か》して後も大事にされたことが記されている。

「グンボーは母親なるメーラビが平民の男へ嫁すると同時に伴はれるのである。平民の男の方では之を迷惑に思はないのみか、却って士族様の御落胤《らくいん》として可愛がること甚だしく、か丶る妻を娶つたことを光栄とする」

〝メーラビ〟というのは、「士族（ユカラピド）の若者即ちビラーマと恋仲に落ちている平民の若い娘をいふ」のだそうだ。

もうひとつ、グンボーが平民の男に「士族様の御落胤」として丁重に扱われたその背景が同全集の『八重山古謡第二輯《しゅう》』に次のように記されている。これは、西表島《いりおもてじま》の古見《こみ》という村から石垣島へブナレーマという娘が御用布を納めに来たことをうたった「古見の浦のブラレーマ・ユンタ」の説明として記されているものである。

「此ユンタの主人公の如く、離島から御用布《グイフ》を納めに来た者を『布《ヌヌ》引《び》カし人《びと》』と云つた。彼女等は主島の石垣島四ケ《シカ》（現今の石垣町）に来ると『四ケ《シカ》ビラーマ』と称する士族男子、殊に役人の妾になることを非常なる名誉と心得てゐた。『四ケ《シカ》ビラーマ』と云ふことは、主邑四ケ《シカ》の殿御即ち四《シ》ケ《カ》の旦那様の意味である。彼女等は所謂「四ケ《シカ》ビラーマ」の寵愛を受けるやうになると、早速手の甲に入墨をして一身一家の栄誉として郷党に誇示するのであつた。そしてまたその夫は、自分の妻を妾にしてゐる四ケの男を訪れて、上納高を減じて貰つたり、検査を容易に通過させて貰つたりしたのである」

〝四箇《シカ》〟というのは、石垣島で古くから開かれた石垣《いしがき》、登野城《とのしろ》、大川《おおかわ》、新川《あらかわ》のことで、八重山の中央政庁である蔵元が置かれ、政治、経済、交通の中心地であった。人々が〝四ケ《シカ》ビラーマ〟、つまり、四箇に住む士族、中でも特に役人の寵愛を受ける女たちを〝栄誉〟としたのは、人頭税という時代背景による。穀物や反布等、生産物の大半を租税として納めなければならなかった当時の人々の、役人とつながることで多少なりとも貢納《こうのう》を減じてもらおうという切実な願いが、そこにはあったのである。この説明はさらに続く。

「四ケ《シカ》でも大和仮屋《ヤマトカリヤー》・沖縄仮屋《ウチナーカリヤー》などのアンマ（臨時の奥方）になってゐる女は一世に名誉を博し、全島の婦女子の羨望の的となつてゐたのである。島の両親の間に生れた嫡出子よりも、離島の者は主島石垣島四ケ《シカ》の士族との間、所謂四ケ人《シカびと》または大和・沖縄などの男を父としてゐる者即ちグンボー（混血児）を羨しくしたのである」

四箇の中でも、殊に名誉を博したのは、大和仮屋、沖縄仮屋、つまり、本土や沖縄本島から来ていた男たちの仮りの住居の〝臨時の奥方〟になる女たちだったという。大和仮屋の主は巡査や教員等の明治体制の推進者や薩摩商人などであろうし、沖縄仮屋の主は沖縄県の派遣役人、その中には貢納品の検査役が少なくなかっただろう。

『南嶋探験』によれば、当時の与那国の士族戸数は一戸。与那国では石垣島のメーラビが四箇ビラーマと恋におちいったようなことは、あったとしても、その数には限りがあった。また、蔵元のある石垣島に近い西表島の女が、人頭税として課されている御用布を納めるために石垣島に渡った折、四箇ビラーマの寵愛を受ける、というようなことも、石垣島から遠く離れ四箇へ直接、貢納布を納めに行くこともない与那国島の女たちにはなかった。けれど、石垣島やその周辺の島々の女たちが大和仮屋、沖縄仮屋などの〝アンマー（臨時の奥方）〟になったのと同様、与那国でも沖縄本島や本土から派遣されてくる役人に身を寄せ、「寄留人妾トナル者数多」となったのである。

『南嶋探験』には、当時の島外から派遣されて来る役人の目に島の娘たちがどのように映っていたかが記されている。

「與那國ノ名産美少婦数十人、魚貫シテ（注・魚を串に刺したように、つらなって）来ル。地方習慣ナリ。余、数月ノ飢渇ニ目痩セタルカ、殊ニ別種ノ美人ニ見受ケタリ。之ヲ一行ノ人ニ問ヘハ、曰ク、真ニ此嶋、婦人ハ色白ク且ツ懇切多情ナリ。若シ美人ノ心中ニ副フ者アレハ、只《ただ》一個、価三、四銭ノ物ヲ与フレハ、滞留中其人ニ常侍シ酌ヲ取リテ終夜欵侍《くわんじ》ス。故ニ従来沖縄県官與那國巡廻ヲ望ム所以《ゆえん》ナリト云フ」

笹森儀助は「余、一品モ齎《もたら》サヽレハ其実際ヲ試ル能ハス」の一節をつけ加え、自らはそれが実際のことであるのか否か、試さなかったが、たかだか三、四銭のものを与えれば、色の白い、親切で情の深い島の娘が、滞在中、常時側に侍った。そのため、沖縄県の役人の間では与那国派遣を望む風潮があったというのである。

『南嶋探験』の記述と、ナサさんの語った毛遊びーの風景との間には、あまりにも大きな開きがある。ナサさんの話の中では、一人の男が二人、あるいはそれ以上の女と交わることがあるように、一人の女が二人、あるいはそれ以上の男と交わることもあった。そこでは、一夫が二婦を娶《めと》るといった、あるいは〝寄留人の妾〟になるといった一方的な抑圧の関係として男女があるのではなく、ある種解き放たれた相互関係としてあった。笹森儀助が与那国を訪れた一八九三（明治二六）年の頃と、ナサさんが毛遊びーを遊んだ明治末期とを較べてみると、その約二〇年弱の間に宮古、八重山の人々が、二百数十年にわたって呻吟《しんぎん》してきた人頭税が廃止されるという歴史的転換を経ている。沖縄県全体でも、一八九九（明治三二）年から一九〇三（明治三六）年にかけて土地整理が行なわれ、本土と共通の地租体系の中に組み込まれた。人頭税廃止によって、貢税を完納させる目的で細かく規定されていた耕作地の作付けは自由になり、土地に対する諸制限がとり払われた。だが、多くの歴史学者が指摘するように、土地整理によって人々の税負担が軽減されたかといえば、そうではない。国税の増税、新税の増設など、日本の資本主義体制に再編されたのだ。

ナサさんが毛遊びーを遊んだ頃には、与那国の女たちが〝寄留人妾〟となることは少なくなっていただろう。少なくとも人頭税の検査役人の類は、与那国に来ることはなくなっていた。四箇ビラーマに身をまかせ、大和仮屋、沖縄仮屋のアンマーになり、また〝寄留人妾〟になったその一方で、島の娘たちは、野や浜に遊び、心通わす若者と睦み合い、その過程で生まれた子らを懐深く抱き寄せていたのである。

与那国の〝公生児〟四〇に対して、〝私生児〟二二という数の中に、「一夫シテ二婦ヲ娶ル」あるいは「寄留人妾トナル者数多」に加えて、毛遊びーの中で生まれた子らも含まれていただろう。

古い時代から毛遊びーを遊んだ島の娘たちの解放された性意識は、人頭税時代、薩摩の琉球支配、琉球王府の宮古、八重山支配という二重の収奪を強行する侵略者によって踏みにじられた。グンボーの出生、「寄留人妾トナル者数多」は、その一現象だ。

ナサさんがいうように、毛遊びーの中で不意に生まれた子らを、人々が懐深く抱き込んで育てあげたそれ以上に、前述した宮良当壮の『琉球八重山諸島の民謡』や『八重山古謡第二輯』の記述からすれば、四箇ビラーマの寵愛を受けた女や、沖縄仮屋、大和仮屋のアンマーがもうけたグンボーは、人々に大事に哺《はぐく》まれただろうことが想像されなくもない。だが、グンボーが羨《うらや》まれたその背景を考えれば、血肉を絞りあげるような人頭税の収奪者の子に対する人々の想いは深く屈折するものがあったに違いない（後出「幻の子守唄を訪ねて、保良へ」参照）。

消えていった野遊び、浜遊び

ナサさんは、二〇歳になる頃には浜に遊びに行くことはなくなったといっていた。が、明治三五年生まれの米城キヨさんにも、月の夜、泊の浜に遊んだ記憶が残っている。けれどもキヨさんの記憶の中では、ナサさんが遊んだ野遊びや浜遊びのきらめきはもうない。そこには学校の教師の目が光り、野や浜を賑わしていた若者たちのさんざめきが気勢を殺《そ》がれて、萎《しぼ》む気配がする。

「月夜なんか、子どもいっぱいおるからよ。すもうとって遊びよる人もおるし、唄うたって遊びよるのもいるし。学校卒業してから。学校六年生に出たら先生が罰するのに。一時間、授業中、立たすのに。ずるい子どもなんか（浜へ）行って罰されたり。いちいち先生がまわるからよ。あの時は三味線弾きなんかめったにいなかったな。三味線なんか持って遊んだらおこられおったさ。あんな者がずるけて（三味線）かついで歩くっていって、三味線なんかおもちゃにもできんかった」

与那国の祖納《そない》では、大正初期か中頃には、若者たちが月の晩、泊の浜に降りて行くことはなくったようだ。それは、明治政府の目指した国民皆学がほぼ達成され、義務教育がこの南の島の隅々まで侵透したことと、無関係ではないに違いない。沖縄県の明治二五〜二六年の就学率は男二〇〜三〇パーセント、女五〜一〇パーセントであったが、明治三八年には男九八パーセント、女七七パーセントに急速に伸びている（『琉球新報八十年史』より）。教育が、近代化を急ぐ当時の時代の意志を受けて、野や浜に遊ぶ若者たちの習慣を〝蛮風〟として規制した。そしてさらに近代国家の軍隊が沖縄に入ってきた時、それは決定的なものとなった。

石垣島で農民運動に関わった金城朝夫著『沖縄処分』（三一書房刊・一九七三年）に「昭和九年一月に、沖縄連隊区司令官・石井虎雄が、時の陸軍次官・柳川平助宛に送った極秘の沖縄防備対策の私案書」を掲げている。「四、一般ニ惰弱ナリ」の項に毛遊びーに触れている箇所があるので引用しよう。

「青年男女を毒スヘキ一大弊風アリ当地ニ於テ一年ノ大部ヲ占ムル夏季ヲ通シ毛遊《モアソビ》ト云フモノ行ハル日没食事後三三五五相携へテ部落附近ノ林空又ハ草地ニ会シ男女青年相交リテ蛇味線ニ和シテ歌ヒ且舞ヒテ夜半ヲ過キ多クハ二時三時ニ至リテ止ム歌舞ニ飽キタルモノハ男女相携へテ暗陰ニ戯ヒ又ハ相手ノ宅ニ忍ヒテ天明漸ク帰ル為メニ起床甚タ遅ク午前八時九時ニ至ルヲ普通トス斯ノ如キモノ連日醒ムルモ即チ蒼朧タラサルヲ得ス習ヒ性トナリテ青年図《ママ》女ノ潑溂タル生業ヲ求ムルモ得へカラサルナリ此習風ハ十四五歳ヨリ婚時ニ及フ甚タシキハ十二三ニテ見習フモノアリ此間雑交生育不良操志欠乏ノ結果ニ陥ル当然ノ帰着ナリ」

沖縄の人々を「一般ニ惰弱」と見た司令官・石井虎雄の視線の適否は、ナサさんやコヤさんや、その他多くの島の人々の言葉に耳を傾ければ明らかであるが、この一文の記述に、毛遊びーを破壊したものの姿勢をうかがうことができる。そして、一九四五年三月、慶良間諸島への米軍上陸を機に沖縄は凄まじい戦火の只中におかれるのであるが、地域によってはこの時までかすかに残っていた毛遊びーも壊滅する。戦争が終わると、焼けただれた島に米兵があふれ、またたく間に沖縄の野や畑は、アメリカの極東戦略の重要な基地とされた。

基地の町で生まれた現代のグンボーN君は、少年の頃、「売女《ばいた》の子」「アイノコ」と罵《ののし》られ、石礫《いしつぶて》を投げつけられるから、学校への行き帰り、人に隠れるように裏通りばかりを歩いていた、といっていた。東京から帰り、いまも沖縄に住んでいるであろうN君は、大和人《ヤマトンチュー》の起こした戦争、敗戦、そして米軍占領という、沖縄の歴史の矛盾を一身に背負ったグンボーが、島びとともに生きる接点を奪回することに懸命であるに違いない。

幻の子守唄を訪ねて、保良《ぼら》へ

保良に伝わっていた子守唄

バスターミナルまで一五分ぐらいと聞いていたのに三〇分もかかり、出発時間にようやく間にあって、大わらわでバスに乗ると、車内はなぜか観光バスのように浮き立ち、ざわめいている。中学生ぐらいの女の子たちは東京の原宿あたりと少しも変わらない、流行のモンぺに似たズボンやサロペットをはいて、髪は鮮やかな色のゴム紐で結び、座席から座席へ声を飛び交わしたり、行き交ったりしている。中年や老年にさしかかった女の人たちもいる。やはり、いつになく晴れやかな振舞いだ。車内の人たちが運動会見物に行くらしいことは、しばらくしてわかった。

保良行きのバスは、きれいに舗装された道を快く走った。土地の人が〝アカバナー〟とか〝ブッソウゲ〟と呼ぶ赤いハイビスカスがセンターラインや道路脇に植えられ、風に揺れている。空は晴れていた。絶好の運動会日和だ。運動会見物の人たちは、城辺《ぐすくべ》中学校前で降りた。バスの中は途端にガランとした。私は一番前に席を移した。と、バスの前面の窓ガラスに大きなバッタが緑色の腹を見せている。バッタはスルスルと滑り落ちそうなものを、車体に当たる風圧のためか、落ちるでもなく、細い数本の足で必死に窓ガラスにへばりついていた。バッタがようやく屋根の上に登った

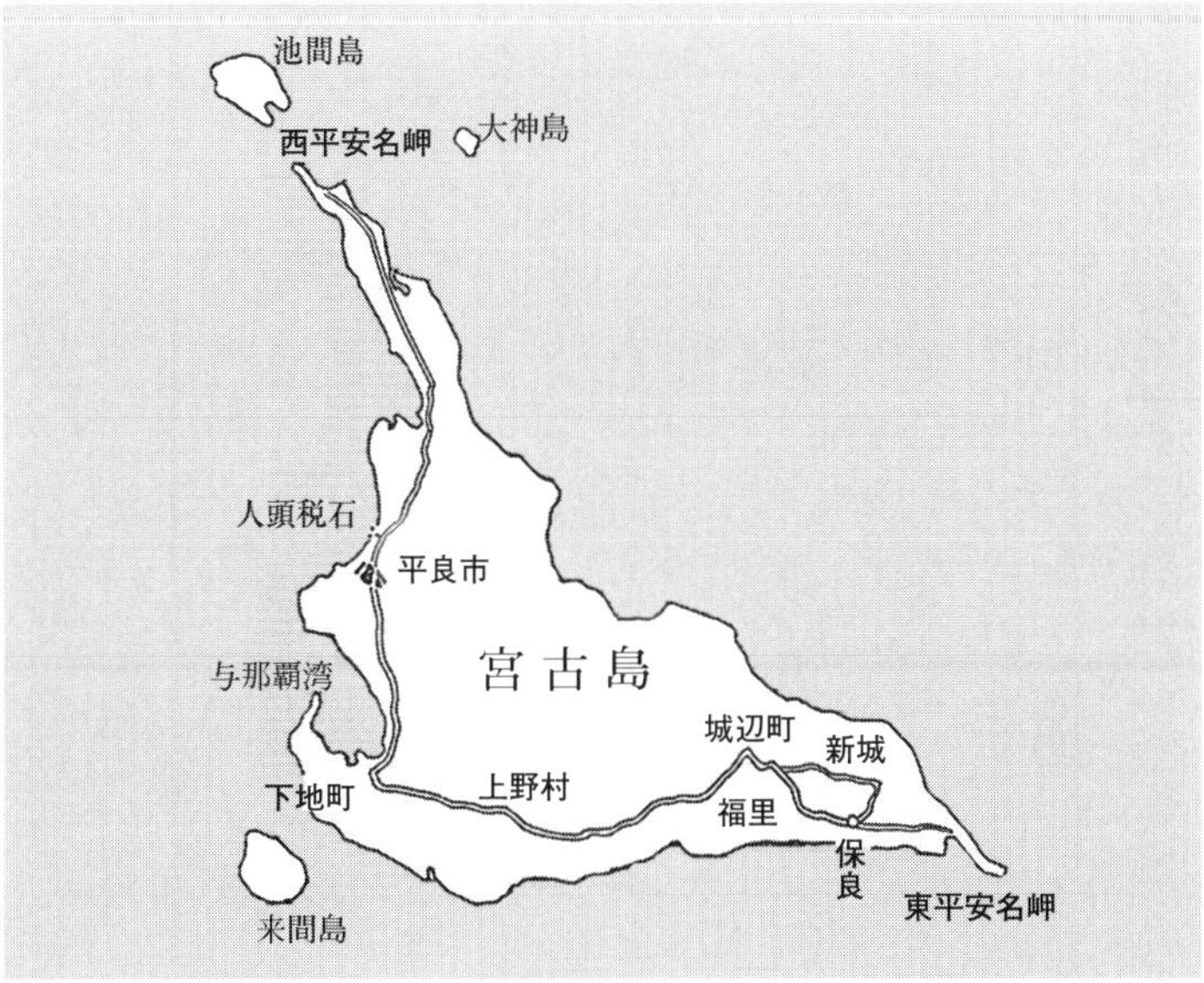

のか、あるいは、停留所に停まった時にでもどこかへ飛び移ったのか、ふと気がつくと窓ガラスから姿を消し、間もなくしてバスは保良へ着いた。三、四人残っていた乗客はすでに途中の停留所で降りていた。

宮古島の保良を訪ねたのは、雑誌『青い海』一九七七年一二月号掲載の杉本信夫著「風土に息づく母の歌――沖縄・子守うた考――」に記された〝まぼろしの子守唄〟が気になっていたからだ。

汝《うワ》が父《あさ》や　何処《ずま》んかいが
汝《うワ》が母《ンま》や　何処《ずま》んかいが
太陽《ていだ》　傾《た》ふま
上《うい》　傾《た》ふまてぃどぅ
河豚捕《うにゃとウ》いが　ぴりたず

お前のお父さんはどこへ行った、お前のお母さんはどこへ行った、王さまを倒そうと、役人を倒そうとふぐをとりに行った、といった内容の歌詞である。その歌詞は『日本庶民生活史料集成第十九巻』(三一書房刊・一九七一年)にも載っていたのだが、杉本さんが保良の古老たちにたずねたところ、「ふしは忘れてしまった」とか、「きいたことはある」という程度で逃げられてしまったそうだ。さらに宮古の池間島にも同じような詞が伝えられていたが、池間では、ふぐが毒ひとでとなっていて、ふしはなかったという。だが、毒ひとでをとりに行ったその晩大津波がきて、集落がすっかり流されてしまった、という伝説が残っていた。そのため、杉本さんは「あまりにも恐ろしいうたなので、このような伝説ができ、これは忌避《きひ》なのだ。うたってはならないうたになってしまったのだ、とわたしは思った」と記しておられる。

保良の子守唄はまぼろしの唄、土地の人々にうたうことがタブーとされている唄なのだろうか。

下地メガンサさん(八〇歳)の家には、その前々日、根間玄幸さん(『沖縄宮古島農民運動史』『宮古の民話』著者)と雑誌『灯台』編集部の米田雅江さんと一緒に訪ねていた。坂の上の大きなヤシの木がある家だ。

メガンサさんは身をかがめて小さな粒を選り分けていた。声をかけると、

「ああ、驚いた。いま、ニンニクを植えようかと思って、分けていたさ」

とあいさつした。家の周囲にはヤシの木があり、バナナの木もビッシリと実をつけていた。そし

て、畑も少しある。そこにニンニクを植えるのだそうだ。

メガンサさんは昔のことをよく知っているおばあさんだと紹介されていたので、保良の子守唄のことをたずねてみた。メガンサさんもやはり、ふしは知らないという。いや、もともと、これは保良に伝わる伝説の中にでてくる子守唄でふしはなかったといった。

前々日、メガンサさんの家を訪れた帰りに根間さんは平安名《へんな》岬の方まで案内してくれた。平坦な岬はもうすでに夕暮れて、藍色の海の果ての水平線は細く茜色に染まっていた。夕闇の海上にかすかにいくつかの黒い岩の塊が見えた。それが離れ《パナリ》島と呼ばれている島だと教えてくれた。

伝説の舞台はそのあたりである。

太陽《ティダ》とあがめられていた王様の側妻に赤児が生まれた。ある日、その赤児の子守りが唄をうたいながら守りをしていた。

汝《ウバ》が母《ウマ》　　あなたのお母さんが
いんみき　　海に行って
河豚《ウニャトウ》捕りびし　　ふぐをとってきて
太陽《ティダ》倒《タ》ふまじ　　王様を殺そうと
上《ウイ》倒《タ》ふまじ　　役人を殺そうと
ぴどぅぴりうりぶぁ　　いっているから

泣《ナ》つなよう　　　泣くなよ

そこへ太陽《ティダ》がきて、「おかしな唄だね。もう一回うたってごらん」と子守りにいった。子守りがもう一度うたうと、太陽は怒って子守りから赤児をとりあげ、「お前は向こうへ行け！」と平安名岬の方へ子守りを投げ飛ばした。そして、側妻を生かしておくものか、と、そのあたり一帯を海に沈めてしまった。わずかに残っている離れ島《パナリ》はその跡なのだ。平安名に投げ飛ばされた子守りはそこでシマ立ちをした（村を興した）。平安名というところは、子守りが興したシマだから大きくならない、という話である。

〝まぼろしの子守唄〟は伝説の中の唄だったのだ。かつてその唄にふしがあって伝説の中でうたわれていたのかどうかはわからない。メガンサさんをはじめ、何人かの人にたずねてみたが、誰もふしは知らなかった。もともとふしはなかったのだろうといった。

それにしても太陽の側妻はなぜ太陽を殺そうとしたのだろう。上《ウィ》（役人）を倒そうとしたのだろう。杉本さんが『青い海』で紹介している保良の子守唄では、赤児の両親二人が太陽を倒すために毒のあるふぐをとりに行っている。この詞を最初目にした時私は、圧制に苦しむ宮古の民衆の反逆の唄だ、と思ったものだ。ところがメガンサさんの話では、赤児は側妻の子で、一節目の〝汝《うワ》が父《あさ》や何処《ずま》んかいが〟（あなたのお父さんはどこへ行ったか）という一節はなかったという。この一節があるかなしかで唄の内容はずいぶん変わってくる。側妻がふぐをとりに行ったのであれば、圧制に苦しむ民衆の唄というよりは、男女の確執をうたったといった印象の方が強くなる。

だが、保良の子守唄が、反逆の唄であったにしろ、男女の確執をうたった唄にしろ、ふぐをとりに行くという素朴な行動から、やはり太陽を殺そうとする凄まじい意志が伝わってくる。それが、宮古の民衆のものであったにしても、一人の女のものであったにしても、その凄まじい意志が反逆の意志であることには違いはない。保良の子守唄はやはり反逆の唄だったのだ、と私は最初の直感に固執した。


若い頃、メガンサさんは伝説の舞台となった平安名岬へよく貝を拾いに行ったという。それはピシンナという貝だ。隣のおばさんが「貝を拾いに行こう」と誘いに来た。たくさんとってくれば、町へ売りに行く行商人が買ってくれたからだ。

離れ島《パナリ》にも一度だけ行ったことがある。舟で渡るのだ。浜から一番近い所に四角い岩がある。小さな岩だけれど、それでも二〇人位は座ることができる。満潮の時は岩で休んでいて、潮がひいたら海へ入る。離れ島《パナリ》には、保良の近くの浜に比べると、貝も魚もたくさんいた。特に三月、四月頃がよい。メガンサさんは貝ばかりを拾った。女の人でもとれる人は蛸《たこ》をとるし、男たちなら魚も、時には烏賊《いか》もとれる。とった魚貝を総菜にしたり、たまには売ることもあった。

メガンサさんは、月の明るい晩は近くの浜辺へ行くのが楽しみだった。一日の畑仕事を終え、夕食をすませると、娘たちは友だちの家へ寄って一軒一軒声を掛け合う。

「浜へ行かんか」。浜へは潮がひく頃を見はからって行くのだ。

「月の明かりで遊ぶのがとってもおもしろかった。浜辺でたわむれしてね、強い者はとっても強くて、(友だちを)押し倒したりして。女も男みたいに強い人もいるよ」

押しくらまんじゅうのような遊びであろうか。戯《たわむ》れる娘たちの影が月の明るい浜辺に揺れた。海に入ると、海草の陰に魚がかくれていた。娘たちは海草の中にそおっと手を入れて魚をつかんだ。夜の魚は眠っていたものか、素手でも何尾かはとれた。一〇尾もとれれば、豊漁のうちで、意気揚々として引き揚げたものだ。海胆《うに》もとれる。海胆も海草の中にいる。足で探りながら歩いていくと、チクリと触れるものがある。それが海胆だ。海胆は家へ持って帰り、茹《ゆ》でて食べた。

太陽《テイダ》倒《タ》ふま、上《ウイ》倒ふま

宮古、八重山地方の農民は、薩摩藩の琉球支配以来、人頭税と呼ばれる過重な税を課され、約三〇〇年もの間、苦しい生活を続けてきた。中村十作《なかむらじっさく》と城間正安《ぐすくませいあん》の二人の指導者を中心に宮古の城辺《ぐすくべ》、保良《ぼら》、新城《あらぐすく》、福里《ふくざと》の農民たちが起ちあがり、一八九三(明治二六)年、代表者がはるばる上京して人頭税撤廃を政府に要請した。宮古、八重山の人々が人頭税から解放されたのはそれから一〇年を経た一九〇三(明治三六)年である。

メガンサさんの父の叔父にあたる平良真牛《たいらもうし》は当時保良の総代であった。明治政府への要請のため上京した代表者四人の中の一人である。メガンサさんの大叔父であるその人は、メガンサさんが子を産む頃まで元気でいて、七七歳で他界した。大叔父は人頭税撤廃運動のことを時どき話してくれたが、メガンサさんがより詳しく聞いたのは父からである。一五歳になると、宮古では男は主に粟《あわ》、女は反布《たんふ》を上納しなければならなかった。年齢によって上（二一～四〇歳）、中（四一～四五歳）、下（四五～五〇歳）、下下（一五～二〇歳）、また地域によっても耕作地は上、中、下、反布は上、中に分けられ、それぞれの賦課額が定められた。農民は耕作地の半分以上は納税のために作付けしなければならず、また、女たちが貢納布《こうのうふ》を織るための日数も半年に及んだ。

「そんなに平民は無駄使いされて……。この人頭税というものが抜かれてからは少しずつよくなったらしい」

メガンサさんはそういった。

現在、公民館が建っている所は、メガンサさんが育つ頃は分教場であった。さらに時代を溯《さかのぼ》ると、人頭税時代は番所であり、そこにはブンミャーと呼ばれた機織《はたお》り小屋があった。御用布《ごようふ》の一等品である複雑な柄の上布は染めるのも織るのもそこで行なわれた。上布を織る織部《ウズベ》には機織りの熟練した者が選ばれた。織部にはそれぞれ勢奴《シド》という助手がついていたが、織れるのは一日わずか一五センチ位、一反織るには六〇日もかかる。そして、一人の織部には三反が割り当てられたから、一八〇日もの日数を御用布《ごようふ》を織るために費やさなければならなかったのだ。それでも織部に選ばれることは村の女たちの誇りであったという。上納日に行なわれる御用布の検査は厳重を極めた。もし不合格となった場合は織部だけでなく番所吏員《ばんしょりいん》もその責任を問われたため、機織り小屋では普段から吏員の厳しい監督のもとに御用布づくりが行なわれていたのである。

上杉県令（上杉茂憲《もちのり》・一八四四〜一九一九。一八八一年より二年間、県令＝知事）の『先島巡回日誌』（『沖縄縣史11資料篇1』所収）の中に、一八八二（明治一五）年、宮古に立ち寄り、織場を視察した時の様子が次のように記されている。

「一村毎ニ必ス一番所ヲ設ク、所内貢布織工場アリ、四方竹ヲ細ミテ囲繞シ、所々点々日光ヲ引ク窓ヲ開キ、僅ニ窓下ノ一部分物ヲ見ルコトヲ得ルト雖モ、其他ニ至テハ場内暗黒、恰モ囹圄ノ如シ、……中略……又其処ニ因リテハ時々猥褻奇怪ノ所業モアル由ヲ聞キ及ヘリ」

採光のための窓辺がわずかに明るむだけの暗い囹圄《れいご》、つまり牢屋のような織場で、織女たちがいざり機に背を丸め、ごく細い麻糸で、一八ヨミ、二〇ヨミ（後出「歴史を紡ぐ女たち」参照）といった目の細かい、薄手の布を織ることに苦心している姿が目に浮かぶ。そして、その囹圄《れいご》のような織場の中で「猥褻奇怪ノ所業モアル」のを聞くというのだ。検査役人が、職務上の立場に驕《おご》って織女たちを玩弄《がんろう》するのである。メガンサさんも人頭税時代を体験した年長者たちの間で交わされていた哀しい女たちの噂をいくつも聞いた。検査官にいいよられた新妻が夫へ打ち明けることもできず、悩み苦しんだ末海へ飛び込んだという話、検査官の機嫌を損ねれば村全体にその影響が及ぶので、それを怖れる村の人々から検査官の旅妻になることを説得されて、若い夫婦が心中をした。また、強姦まがいの仕打ちをされて子どもまで生んだ女もある等々……。

「農民といったら、その役人なんかが好きといったらその女を連れて行って、酌もさせなければならないし、歌を歌え、酒をついで飲ませ、とかなんとか……。機織っている人でも、機からおろしてでもさせたってよ。だから強姦みたように、その人の女になるという意味で私生児も生んで……。そんな無道なことばっかりやって……」

一方、役人が派遣されて来る度その権勢に憧れ、擦り寄って、自ら進んで身を任せ、何人もの子を生んだ女もいる。また、一度は役人に身を任せても、周囲の人々にあたたかく包まれて、村の男と結婚し、幸せな家庭を築いた女もいる。

「そんな話はみんなでいっているから聞いた。そんなにして喜んで何回も子どもを生む人もあったらしいし、そうでなくて、一回であたり前の家庭を持った人もあったらしいさ」

役人の子を身籠《みごも》って、間もなくそれをかくすように農夫のもとに嫁いで子を生む女もいた。メガンサさんは、

「妊娠してすぐ嫁ぐ人もあったけど、自分のとこ来て生むんなら、自分の子みたいに思うんじゃないかね」

と、役人の子だと承知していても、女の哀しい体験を思いやって、村の男は自分の子のように育てただろうという。村を去る時、役人が女や生まれた子を連れ帰ることは決してなかった。

「平民といったら（士族と）大きな差があるでしょう。だからそんなみじめな扱いされるじゃない。向こうにはまた奥さんがいるんだから」

検査役人に身をまかせた女たちを村の人々がいたわるように迎えたのは、形は異なるにしろ、人

頭税制下で担いきれないほどの重い負担に呻吟《しんぎん》する日々の中で、犯された女たちの痛恨を人々もまた共有していたからだろう。

保良の子守唄にまつわる伝説は、太陽《ティダ》の時代、つまり神話の時代が舞台であったが、それほど古く溯《さかのぼ》らなくても、〝上倒《ウイタ》ふま（役人を倒そう）〟という感情に人頭税時代の女たちが瞬間とらわれることがあったとしても不思議ではない。自分の織った布に難癖《なんくせ》をつけられ、村の人々に及ぼす影響を恐れて旅妻となった織女が、検査役人の驕慢に身をまかせながら、

太陽倒《ティダタ》ふま
上倒《ウイタ》ふま

と念じ、ふぐを、あるいは毒ひとでを採りに、次の朝早く海に行ったかもしれない。メガンサさんの語った伝説は、人頭税時代の女たちが、太陽《ティダ》の時代にことよせて、自らの意志を子守唄に潜ませたのではなかったか。少なくとも、そのような意志が、保良をはじめとして宮古の四つの村を起点に展開された人頭税廃止運動に結実していったといってよいだろう。

宮古上布は人頭税が廃止されてからも、その高度な技術が買われて大阪あたりの呉服問屋からの注文が多く、宮古の名産品となった。

メガンサさんも若い頃は畑仕事の合間のわずかな暇も惜しむようにして宮古上布の原糸である苧《ちょ》麻《ま》を紡いだ。苧麻は平良《ひらら》の町へ行くと売っていた。保良《ぼら》でも苧麻を栽培すれば育っただろうに手間

が合わなかったためか栽培はしていない。平良では台湾から入ってきた苧麻が安く売られていた。それを買って、細く紡いでカセ（糸の束）にして、また平良へ売りに行く。そして帰りには、次に紡ぐ分の苧麻と、茶やたばこや子どもの学用品を買ってくるのである。

「うちらは暇さえあれば麻《マー》を紡いだから。それもユズといって、今日は友だちの家へ行って紡いで、また明日は他の家で紡いで……。そうやっていたの」

娘時代、友だち同士が集まって、ユズで苧麻を紡いだのは楽しい思い出だ。宮古の人々がいう〝ユズ〟は、沖縄の他の地方で〝ユイ〟とか〝ユイマール〟と呼ばれている共同作業のことである。何人かが集まって、それぞれの家の仕事を参加者全員の共同作業で次々に仕上げていくのである。

苧麻を紡ぐ時には、メガンサさんたちは五人、あるいは一〇人ぐらいでひとつのグループをつくった。紡いだ糸を売る場合、一カセが単位になったから、一軒の家に一カセずつ紡いでいく。一カセは十《ト》ヨミである。五人組なら一人が二ヨミずつ、一〇人組なら一ヨミずつ紡いでいけばいいわけだ。「一緒に集まって歌をうたったり、冗談なんかして紡いでいたからおもしろかったよ」

宮古上布を織るための糸は非常に細く、それを紡ぐのは根気のいる仕事だ。その仕事を娘たちは仲の良い者同士集まって、歌をうたったり、おしゃべりをしたりしながらした。一人で紡いでいるよりその方がずっとはかどったのだ。

紡いだ糸を平良へ持って行きさえすれば必ず買う人がいた。糸を売りに行く村の女たちを見つけては、

「カシバラ持たないか（持っていないか）」と声をかけてくる糸買いがいたのである。カシバラはジガシともいい、縦糸のことだ。宮古上布の値段が急騰した頃には、城辺《ぐすくべ》あたりまでも糸買いがきて道に並んでいた。

「でも平良まで行かんと苧麻が買えないし、いろいろな買いものもあるから……」

だから娘たちはやはり平良の町まで出かけて行った。手間を考えれば、とても割の合わない額であったが、それでも農家にほとんど現金収入のなかった時代、それは娘たちの貴重な小遣いとなったのである。

ブラガーとよばれていた泉

メガンサさんは一人暮らしである。お爺は五、六年前に亡くなった。息子が二人いたが、長男は戦争が終わって四、五年後に沖縄本島に渡り、さらに本土へ行き、現在は東京にいる。次男は師範学校へ入ったその年に学徒動員され、摩文仁《まぶに》で死んだ。仏壇に、もう色も褪《あ》せた少年の遺影があった。軍帽を被り、国民服を着、凛々《りり》しく口元をひきしめた少年が背筋を伸ばして写真の中におさまっている。

教師をしている長男の嫁は一人で暮らすメガンサさんを気遣って、東京へ来て一緒に住んだらよかろうという。長男夫婦は立川の新興住宅地に居を構えているようだ。

「立川には基地があったっていうじゃない？　だけど、息子のいる所は基地ではなしに、畑を買ってそこにみんな家を作っているから、新部落みたような所だからね、向こうは――」

メガンサさんは息子の家へ毎年のように行っているが、東京の新興住宅地にはなじめない。

「嫁さんは学校の先生をしているから昼は外へ出はっていないし……」

長年、生まれ育った保良ならば茶呑み友だちもおり、家の前の道を通る度、声をかけてくれる顔なじみもいる。いや、それよりも、南の島の暖かさが年とったメガンサさんにとってはなによりの薬なのだ。

メガンサさんのお母さんは病弱で、妹が六歳、メガンサさんが九歳の時に亡くなった。父は、保良にあった番所に勤めているうち、保良育ちの母と縁があって結ばれたのだ。メガンサさんは四年生まで保良の分校に通っていたが、五年生からは城辺の本校に通わなければならず、そのこともあって母方の祖父母のもとに妹とともにあずけられた。祖父母は父に再婚を勧め、父もその気で家を建てるなどして準備をしていた。けれどメガンサさんは父の再婚に対し、心を固くしていた。父が再婚すれば、メガンサさんは一緒に住めないと思っていた。

「お父さんはまた、(メガンサさんが)いやだというので、かわいそうで、子どもたちを継母《ままはは》にあずけられない、と思ったらしい」

祖父母はメガンサさん姉妹を自分たちの手で育てるつもりでいたが、すでに家督《かとく》は伯父が継いでいた。一〇人家族のその家で、メガンサさんは子どもながらに肩身狭く暮らし、腹が空いてもおやつさえねだることもできず、六年に進級する時、学校へは行くまい、と自ら決めた。

「学校の先生たちはそんなのいかんから六年だけは卒業しなさいといって、よくすすめていたけど、自分でひもじいおもいをしてそんなにする必要はないと思って、六年生、行かなかった」

父は再婚と、子どもたちと一緒に住むことを天秤《てんびん》にかけて、子どもたちとの暮らしの方を選んだ。以来、父は男やもめの不自由を忍んだ。

「遊ぶ人はいたかもしれないけど、うちへは連れて来なかった」

当時の父の倍以上もの年になったメガンサさんは、少女の依枯地《いこじ》な願望（いや、母を失ったメガンサさんには切実な想いであったのだが）を通してくれた父のやさしさ、と同時に、後添《のちぞい》をもらわずに暮らした父の寂しさを想いやる。

父と妹との三人暮らしが始まった。その頃は保良に限らず年寄りも一緒だったり、子どもも五、六人から八、九人といった大家族が多かったが、メガンサさんは三人家族でも少しも寂しくはなかった、という。

「いとこなんかも近所にみんないるし、かえって家が狭かったよ。畑仕事したり何かしてその合い間にまた麻《マー》を紡ぐから、みんな集まって麻を紡ぐ所にしていたさ。年上の姉さんたちもよくくるし、またいとこなんかがたくさんいるからくるし、いつも家がいっぱいだった」

一日の畑仕事を終え、夕食もすませると、三々五々《さんさんごご》、娘たちは苧麻を持って集まってくる。メガンサさんの家はそうした娘たちのたまり場になっていた。遊ぶ時にさえ苧麻を持ってきたのは、苧麻を紡ぐこと自体が娯《たの》しみでもあったのだが、また、働くことが身になじんでいる娘たちにはただおしゃべりをしに来るのはあまりにも手持無沙汰《てもちぶさた》に思えたのである。

村の女たちが年がら年中仕事に追われていたのは、畑仕事はもちろん、水汲みもまき拾いも、日々の暮らしに必要なものの多くを自らの手で集め、つくりだしていたからだ。そうした暮らしの中で、まだまだ遊びたい盛りの娘たちは、労働の中に遊びを見出していく。

近所の友だちと誘いあって水汲みに行ったのは、メガンサさんには心はずむ思い出だ。村のはずれにブラガーと呼ばれていた泉があった。井戸を掘ってある家は近所には一、二軒しかなかった。忙しくてブラガーまで行けない時には持主に頼んでその井戸で水を汲ませてもらうこともあったが、普段は毎朝ブラガーまで水汲みに行った。

保良の女たちの一日は、ブラガーに水汲みに行くことから始まったのだし、また、畑仕事を終え、夕空に淡く星がまたたき始める頃、誰もがブラガーへ一日の汗を流しに行ったのだ。年とったお爺やお婆たちは手ぶらでいって身体を洗って帰ってきたが、子どもを抱えた女や若い娘たちは、洗濯物や洗い物や瓶《かめ》など持てるだけ持って行き、洗濯をし、洗い物をすませ、自分もブラガーの水に浸《ひた》って身をきれいにし、帰りには瓶に水をいっぱいに汲んで頭にのせて帰って来るのである。

娘たちはここでもやはり、おしゃべりし、たわむれあい、着ているものを腰までさげて背中を流しあう。夕闇の向こうから村の若者たちの快活な戯《ざ》れ言《こと》が娘たちに投げかけられた。その戯れ言をある者はうまくかわし、ある者は恥じらい、ある者はひそかに心ときめかせ、だが若者たちの集団と娘たちの集団はある間隔を置いてそれ以上容易には交わりはしない。そして、すっかり闇を濃くした坂道を瓶の水をこぼさないように用心深く登ってきた。ブラガーから、村へ通じる道に出るまでに、慣れた者でも夜目には足をとられそうな急な細い坂があった。その坂は、雨の日でも水汲みに行かなければならない女たちを手こずらせた。

珊瑚礁の海に浮かぶ沖縄の小さな島々は、昔から恒常的な水不足に悩まされてきた。集落に一つ二つしか井戸がなかったことをメガンサさんは、

「貧乏に暮らしていたから井戸を掘りきれなかったでしょう」

というが、単に経費の問題だけではなく、よほど深く掘っても水が出ない地域が多い。そのため、木の下などに水瓶を置いて、雨の日に木を伝って落ちる天水を貯めて使ったのである。ブラガーはよほど長く続く旱魃《かんばつ》の時でも涸《か》れることがなかったので、保良の人々にとっては貴重な泉だった。

クルマファでキビを圧搾《あっさく》した頃

宮古では人頭税時代、サトウキビが奨励されても、新たな課税をおそれて作付けしなかったが、人頭税廃止後はサトウキビが農家の換金作物となった。

若い頃、メガンサさんの家では砂糖の自家製造をしていた。キビの刈り入れは一二月頃から翌年三月までの間にユズで行なわれる。一軒一軒の家の畑のサトウキビが次々に刈り取られ、運ばれてくる。そのサトウキビをクルマファと呼んでいた鉄車を馬車にひかせて圧搾《あっさく》し、その汁を煮つめるのだ。一台の鉄車では一日一町分ぐらいのサトウキビが圧搾できたから、一〇町あれば一〇日かか

る計算だ。だが、途中で雨が降ればその日の分だけ遅れる。圧搾汁を煮つめるには大中小大きさの異なる三つの鍋を用意しておいて、大きな一番鍋から次第に二番鍋、三番鍋へと移していく。圧搾汁は煮つまるにつれて水分が蒸発し、ドロリとしてくる。そして、三番鍋から桶《おけ》に移し変える時には程よい固さになっていた。煮つめ具合で一級品にも三級品にもなったので、火の番をする者はその加減に全神経を集中させた。

「しかし、おもしろかったよ。畑が遠かったからみんなで少しずつ頭にかめて（のせて）きたり、畑で皮をとって馬車に負わせたりして」

畑でキビを刈る者、刈り取ったキビを運ぶ者、鉄車にキビを入れる者、圧搾したキビの汁を煮つめる者、大勢集まっての製糖期の仕事は、植付け以来の労働が報《むく》われる時であるだけに誰もがはりきって働いた。できあがった砂糖は樽《たる》につめ、一樽分位自家用に残した他は大阪方面へ出荷した。後に、台湾製糖（現在の沖縄製糖株式会社）の大きな工場ができると、鉄車を馬がひいてする製糖風景は次第に見られなくなった。

メガンサさんは二五歳で結婚した。当時としては晩婚であった。それより三年前、二二歳の時に一度婿《むこ》を迎えたことがある。大人《おとな》しい性格の人であった。が、その結婚は長くは続かなかった。結婚前からの浮いた噂がメガンサさんの耳に入り、それ以来、夫に対し、心を開くことができなくなってしまったからだ。

メガンサさんは、もう二度と結婚はすまい、と心に決めていた。晩婚になったのはそのためである。

「私はあんまり子どもを育てるには心配なかった。前におばさんの家があって、そこがよくみてくれたから」

家の前にあった親戚には、六歳になる男の子がいて、長男が生まれると、いつもその子が守りしてくれた。守りするといっても、その子の役は、目と鼻の先の自分の家へ赤ん坊を連れていくくらいだ。その親戚は、使用人を何人も置いておくような大きな農家で、年寄りもいたし、女手があまる程だったので畑仕事に追われるメガンサさんにかわって赤ん坊を遊ばせておいてくれたのである。長男も次男も丈夫で手のかからない子だった。子育てよりもむしろ、

「働くのが苦しかったでしょ」

という。メガンサさんは夫とともに一町七反の畑を耕していた。宮古ではごく平均的な農家である。粟《あわ》、大麦、小麦、芋《いも》、そしてサトウキビ等を作っていた。サトウキビが唯一の換金作物で他はほとんど自家用である。宮古では米はわずかしか穫れない。芋が主食で、粟も祭や祝事のある時ぐらいしか食べなかった。

沖縄の他の島々と同様、宮古は台風の通り道である。メガンサさんは数えてみると、いままで四回も台風のために家を流されている。大きな台風の通り抜けた後には必ず何軒かの家が倒れていた。その家族は、とりあえずは親戚や近所の家に避難したが、台風が去った後の村の男たちの仕事はま

ず、そうした家族のために集まって埋柱家《ウズンバラヤー》を建てることであった。それは、中柱を中心に、周囲に何本かの柱を立て、壁はススキで囲い、屋根は茅《かや》で葺《ふ》く簡素な造りで、一日でできあがった。

サトウキビは倒れ、粟や大麦、小麦など、台風は農作物に大きな被害を与える。だが、宮古の農民が台風以上に怖れたのは旱魃《かんばつ》である。台風は様々な作物を倒して通り抜けてゆくが、それでもしばらくすれば芋のつるは伸びてくる。しかし、日照りが長く続くとありとあらゆる作物が枯死《こし》してしまう。農民は、台風や旱魃に備えて、芋を乾燥させ、保存して置く。けれど、被害が大きければわずかな備蓄はどれほど大事に使っても底をついてしまう。そんな場合は、「借りてでも食べなければしょうがないじゃない?」と、メガンサさんは言った。農民たちは、翌年できるキビを担保に製糖会社から前借りして、その年を食いつないだ。けれど、翌年前借金を返せば次の年の生活が成り立たない。そして仕方なくまた前借りを繰り返すという借金地獄に、さらに何度も押し寄せる台風が追い打ちをかけたのである。

「このキビ代しか他にお金はないから。キビといってもその時のキビはいまみたように収穫もできなかったし、あの時は苧麻《ちょま》を少しずつ紡いで子どもなんかの学用品も買えば、また家族のタバコ代、お茶代にもなるし、何にも売るものがなかったの。キビの前借りをして、前借りはキビができたら引いてとるでしょ」

唯一の換金作物だったサトウキビの代金は前借金をさし引かれれば、手元にはわずかしか残らない。娘の頃、娯しみでしていた苧《お》紡《つむ》ぎは、子を育てるようになってからは、子どもの学用品を買うなど、ささやかな額であったが、貴重な収入源となった。

次男はとても学校が好きな子だった。学校までは四キロの道のりで、四、五〇分はかかるが、まだ暗いうちから学校へ行くんだ、と朝食をせかされた。だからメガンサさんは毎朝四時半には必ず起きていた。

その次男が那覇の師範学校へ通うようになったのは、担任の教師の強い薦めがあったからだ。次男の通っていた学校から師範学校へ出すのは一三年ぶりとか、一五年ぶりとかで、教師は熱心にメガンサさんを説得しに来たのである。けれど次男はひそかに通信学校へ行きたい、と思っていたようだ。宮古に通信基地を設置するため日本軍が来ていたことがある。その時、海軍の通信兵が前の親戚の家を宿舎にしていた。次男はその通信兵に可愛がられた。そして初歩的な通信の仕方を教わり、とても興味を示していた。次男は海軍の通信兵になることを憧れ、通信兵になる方法をたずねたに違いない。通信兵は通信学校への入学を勧めた。「貧乏だったから師範学校へ行かせたでしょ」と通信学校でなく師範学校へ行かせた理由をメガンサさんはそんな風にいった。師範学校なら学費は公費で賄《まかな》われていたから、親は下宿する生活費だけを負担すればよかったのだ。

次男は一年生の夏休みに保良へ帰ってきたきりで、終戦の年の六月、摩文仁《まぶに》で戦死した。たった一度で、最後の帰郷の時、次男は下宿の腹に充たない粗末な食事を託《かこ》つとともに、少年時代抱いた夢をメガンサさんに語ったのである。メガンサさんは、師範学校へ行ったのは、メガンサさんがそれを望んでいたからだ、とふともらした次男の言葉が忘れられない。師範学校へ行かせなければ、戦死しなかったかもしれない。いや、通信学校から海軍へ、という次男の夢は、どのみち、戦地へつながっている。それにしても、せめて次男の夢をかなえさせておけば、というはかない悔いが残るのである。

「だから、他人《ひと》なんかはそんないい子を失ってもよく生きてるねえ、というけど、死なれないんだから生きているさ」

とメガンサさんは寂しくいった。

その一、二年前、沖縄をまわっていると、しばしば沖縄戦で亡くなった人々の三三回忌に出くわした。終焼香《しまいすうこう》といわれる三三回忌をすませてもなお、身近な人の霊を昇天させきれない人々が沖縄には大勢いる。

メガンサさんもなお、年経る度に、次男への悔いを澱《おり》のように身体深く沈澱させ続けている。

歴史を紡ぐ女たち――芭蕉布と上布

芭蕉《ばしょう》を紡ぐ風土

フラリと出かけた旅先で、思いもかけずその土地の峻厳《しゅんげん》な風土を垣間見たようなことがらに出くわしてしまうのは、偶然であるのか、それとも必然なのか。

私はその時、沖縄へ行くならついでにと、ある編集部から頼まれて、ピヤシ（沖縄本島ではフィファチ、八重山四箇ではピパーズ）という赤い実をカメラにおさめるために探していた。それは唐辛子のように辛い香辛料となる実で、宿の女主人からは、「その辺の石垣に生えているだろう」と教わっていた。二月だった。まだ青いピヤシはほんのりと紅をさしたばかりで、私はもっと赤い実を、と探していたのだ。一九七八年頃、竹富島でのことだ。竹富島はすでに観光化されてはいたが、シーズン・オフのせいか、島全体がひっそりしていた。日射しの穏やかな日だった。私は石垣にばかり目を凝らして歩いていた。

と、一人の老女が石垣にからむように生えているえんどう豆に似た青いさやの実をとっていた。ヒンズ豆（フジマメ?）というのだそうだ。蔓性の枝先に白い小さな花が首をもたげていた。カメラのレンズを通して見るその可憐な花のかすかなゆらめきが止まるのを、息をこらして待っていると、まるで孫と言葉を交わすような何気ない調子で老女は喋り始めた。

「昔、竹富の人は、このヒンズ豆で何度も生命をつないでいるよ」

面積わずか五・四一平方キロメートルの竹富島の人々が、農業と、せいぜい隣近所で分け合って食べる魚を獲るぐらいしか生計の道がなかった時代、他の琉球弧の小さな島々と同様、しばしば旱《かん》魃《ばつ》に見舞われている。畑の作物はことごとく枯死し、野の草木さえも、ギラつく太陽のもとで黄変して、カサカサと乾いた音をたてるような時、荒地や石垣等に最後まで残っているのが、このヒンズ豆だという。東里《あがりざと》カマドさんというその人はもぎとったヒンズ豆をバーキ（ザル）に入れながら、自ら住む竹富島を餓死島だといった。かつて、宮古、八重山の人々が人頭税という苛酷な税制に喘《あえ》いでいた時代、自然の異変はより振幅した形で人々を襲った。東北のある村で凶作がガシと呼ばれるのを耳にしたことがあるが、沖縄でもやはり凶作をガシと呼ぶのだという。北と南に遠く離れた農民が奇しくも同じ言葉でこの異変を呼び慣らわしたのは、凶作がそのまま餓死につながるかもしれないという自然とともに生きる人々の恐怖を物語っているのであろう。餓死島とは、凶作が繰り返される島、といった意味ででもあろうか。

ヒンズ豆はバーキに七分目程になっていた。

誘われるままに私はカマドさんの家へついて行った。納屋の前に風呂敷程の大きさの茣蓙《ござ》が拡げられ、その上にヒンズ豆がすでに干してあった。干したヒンズ豆を羊羹のような菓子にすると美味なのだそうだ。

「婆ちゃんのいる家でなければこんな手間のかかる豆、誰も食べないさ」

石垣に生えているわずかばかりの豆にどれほどの人が生命をつないだものか、カマドさんが語ったのは、野生のわずかばかりの豆を、生命をつなぐよすがにする程の辛酸の中で人々が生きていたことの、つまり、竹富島が餓死島であることのひとつの寓話であったのかもしれない。

白い、可憐な、〝餓死島〟につながるヒンズ豆の花が、芭蕉布《ばしょうふ》に触れるきっかけとなった。カマドさんが自分の家へ私を誘ったのは、芭蕉布を織る、ということに興味を示した私への親切から、芭蕉畑行きを思いたってのことであったようだ。「見たことのない人には珍しいはずよ」と、カマドさんは野良着に着替えて庭先に降り立った。

芭蕉畑は家から歩いてほんの一、二分の所にあった。どのくらいの面積だったか、葉がバナナにそっくりな芭蕉が一メートルおきぐらいに植えてあった。芭蕉には実芭蕉《みばしょう》、花芭蕉《はなばしょう》、糸芭蕉《いとばしょう》があるそうだ。芭蕉布になるのはもちろん糸芭蕉である。芭蕉はあまり若すぎると短い繊維しかとれないし、時期を過ぎると繊維が固くなって適当でない。カマドさんは採り頃の芭蕉を選び出すと、長い刃のナタでバッサ、バッサと根元から伐り倒した。芭蕉は長い葉柄《ようへい》が重なり合って茎のようになっているが、繊維をとるのはこの長い葉柄からである。その日は少し風があった。本来なら繊維をとるのは風のまったくない日がいいという。空気が乾燥すると繊維が切れやすいからだ。倒した芭蕉の葉を切り落とし、表面の皮をはぐと瑞々《みずみず》しい乳色の葉柄が現われた。葉柄は直径一〇センチ位に丸く重なり合っている。長さは約一メートル二、三〇センチ。カマドさんはそれを逆さにして、根元の方から勢いよくはがした。足元には糸の原料がみるみるたまった。カマドさんはそれを持ち帰ると、裏庭に運び、納屋にしつらえてあった竈《かまど》の大鍋に剥いできた芭蕉を入れ、灰汁《あく》で煮た。私はその日一日、芭蕉から糸をとる全過程を、ピヤシを撮るはずのフィルムにおさめることになった。側には山羊の親子が、土管ででもあるのだろうか、コンクリートでできた大きな筒の中につながれていた。

「外に出したらカラスに目を喰い千切られるさ」

温暖な南の島が、突然猛々《たけだけ》しい暴風雨に見舞われ、時に島全体がジリジリと焼き干されていくという自然に身を晒して生きてきたカマドさんは、生きている山羊の柔らかい眼球を狙って喰うというカラスの獰猛《どうもう》な一面を、さらりといった。

灰汁で煮た芭蕉は薄茶色く変色していた。カマドさんは裏庭の日陰に茣蓙《ござ》を拡げて坐り、灰汁からとり出した芭蕉を足の親指と人差し指の間に挟み、余分な肉を貝殻でこそぎとった。これで芭蕉の繊維だけとなったわけだ。それを日陰で乾かし、あとは乾いた繊維を暇をみては水で湿しながら爪先で細く裂いてつなぎ、さらに糸車にかけて縒《よ》るのだ。根気のいる、そして、技術を要する作業である。

「男女ノ衣類各〻一枚アルノミ」

「必ず人の子がお嫁に行く時は、芭蕉を作る畑としてね、これで自分の身体はかくまいするから、必ず分けて、女の子に財産を分けるのと同じように渡したさ。芭蕉の畑を。これを一番の財産としてね、これから出るもので衣裳を作るから」

こう語ったのは与那国島《よなぐにじま》の波平ナサさん（明治二九年生まれ）である。

娘が新たなる家庭を形成する時に、財産分けのようにして芭蕉畑を分け与えたのは、芭蕉で家族の衣料のほとんどを整えたからである。長い歴史を通じて、布づくりは繊維をとることから機織りに至るまで、女たちの手によってなされてきたが、宮古、八重山の女たちに古くから織られたのが苧布《ブーヌヌ》であり、芭蕉布であった。苧布は一四七七年に与那国に漂着した朝鮮人の見聞記に「麻や木綿がない。又蚕も養わない。唯苧を織って布となすのみ」と記されており、八重山では最も古くから織られていただろうといわれている。その苧布は、人頭税時代に入ると貢納品とされ、白上布、白中布、白下布、白縮布等の他、宮古では藍《あい》で染められた紺縞上布が、八重山では紅露《クール》（イモ科の植物。和名「ソメモノイモ」）で染められた赤縞上布が課された。ごく細い苧《ブー》糸を使う上布は、糸を紡《つむ》ぐのも、機《はた》を織るのも熟練を要する根気仕事であったが、平民が自ら織った上布に手を通すことなど一生を通じても決してなかった。

一年のうち約半年は貢納品《こうのうひん》である上布を織ることに費やさなければならなかった女たちと、その家族が身に纏《まと》っていたのは芭蕉布である。芭蕉は苧《お》に比べて栽培も簡単で、繊維もとりやすかったので、近代的な工場で大量生産される綿糸や綿布が流通する以前は、農民の間でもっぱら着用されたのである。

「昔は年寄りなんかが芭蕉、もっぱらこれで、冬のきものであっても二枚、三枚かけたら寒くないし、芭蕉でいくらも作った」

芭蕉は通風性がよく、沖縄の風土に適した素材である。二、三枚を重ねて着用すれば、それで、さして寒くはない沖縄の冬は凌《しの》げた。いや、ナサさんより上の年代の、人頭税時代を生きた人々は、米や粟《あわ》、上布《じょうふ》等、貢納品の生産に明け暮れて、自分たちの食べる芋《いも》を作るのも精いっぱい、衣類にまでは手がまわらず、二、三枚の芭蕉のきものを持つのがやっとという状態であったから、冬でも手持ちのきものを重ねて着るより他なかった、といった方がいいのかもしれない。

上杉県令の「先島巡回日記」(『沖縄縣史11資料編1』所収)にこんな一文がある。一八八二(明治一五)年の記録である。

「誠ニ富貧其分限ヲ尋ルニ、島中豪富ノ称号アル者ニシテ、貢納ノ外、米粟二十俵位ヲ有シ、衣裳ハ男ニシテ三枚位、女五、六枚ヲ所持スル者、実に島中稀有ノ豪富(士族ハ別ナリ)ト云ヒ、下等ノ者ニ至テハ、米、粟二、三升、男女ノ衣類各〻身ヲ纒フモノ一枚アルノミニテ、他に着換ナキ者最モ多トナス」

身に纏うものたった一枚しかない貧者のその衣類は芭蕉であったのだが、一枚、あるいはせいぜい二、三枚しか持てない人々にとって、その芭蕉のきものがどれほど貴重であったことか。

機織《はたお》りは畑《ハル》の仕事がない時に

「うちはじいちゃんと一緒にうんとあきれるまで農業やっておった」というナサさんが機を織れ

るのは、夕食の後片づけもすんだ夜か、田畑の仕事が比較的手の空いた時である。

「今日は畑《ハル》の仕事が自分は行かないでいいと思う時にこれはやるさ。あそこが忙しかったらどんなに機織りはやりたくあってもやれなかった。行かなけりゃ叱るんだからね。（農業を）やりながらね、布をたてたら、もう爺（夫）はおこるわけ。それはやるな、とね。自分の手伝いをさせたくてね。いつも爺ちゃんに叱られながら、だけど自分の仕事だからやっておった。非常に爺ちゃんに叱られながら、もう一本、二本と思ってやっておったよ」

「気が荒くて」、「身体も強くて、病気もない」、そして働き者の爺ちゃんとともに、いつもいつもナサさんは畑《ハル》へ出かけて行ったのだが、今日はちょっと手が空きそうだから、自分は畑へは行かずに機でもたてよう、と機に手をかけると、頑健な爺ちゃんの怒声が飛んでくる。こんな時、ナサさんはしぶしぶ機を離れて爺ちゃんにせかされながら畑へ行った。爺ちゃんのいら立たし気な叱声を浴びながら、もう一本、もう一本だけと杼《ひ》（経糸《たていと》の間に緯糸《よこいと》を通すために使う木製の道具）を動かし、寸暇《すんか》を惜しんで機を織ったのである。

母や祖母の時代に農民は芭蕉しか着ることができなかったが、ナサさんが家族のために機を織る頃には、人々が衣料を芭蕉にだけ頼る時代から抜けようとしていた。与那国にも機械化した工場で大量生産された綿糸が流通し始めたのである。それはおそらく、与那国の女たちが、いや与那国に限らず南の島々の女たちが有史以来はじめて出遇う〝商品〟としての衣料であった。

日本で最初に機械による綿糸が生産されるのは、大阪紡績株式会社が渋沢栄一（明治・大正期の実業家。一八四〇～一九三二）等によって設立され、機械及び技術をイギリスから導入した工場が竣工《しゅんこう》した一八七七（明治一〇）年だが、それ以降、紡績工場の建設は官民一体となって進められた。そして、綿糸は急速に増産され、市場へはき出されたのである。島の人々が植物から繊維をとって布を作り出すという文明をはじめて獲得して以来、家族の衣料は、ほぼ女たちの手でまかなわれてきたが、この時点で、衣料を自らの手で生産するという伝統は大きく変化していく。

八重山でも棉花は栽培され、一七世紀に綿布の製法が伝えられ（『八重山歴史』喜舎場永珣著）、人頭税時代には貢納布の一部になっていた。棉は苧等に比べれば扱い易い繊維だが、苧や芭蕉と同様、紡ぐには長時間を要する。一反分の糸を紡ぐには、夜なべ仕事に毎晩したとしても数ヵ月はかかっただろう。畑で栽培した苧、芭蕉、棉花から繊維をとり、とった繊維を手で績《う》み、紡《つむ》いで糸にすることの困難を身にしみて知っている女たちが、はじめて紡績機械による綿糸を目にした時、それらの労力がいっさいはぶかれる簡便さに、どれほど目をみはっただろう。また、手紡ぎの糸に比べて紡績糸の太さが均質であることにどれほど驚いたことか。

与那国では、機械化された工場で生産された綿糸を桛《カシ》とか、木綿桛《カセ》と呼んだ。そして、それまで家族の衣料として織り続けてきた芭蕉布に、木綿桛を縦縞や格子縞に入れる等、少しずつ混ぜて使い始め、親しんでいったのである。

「芭蕉の上皮《ウイカー》、熟した皮であるからね、固いから、採る時にこれは上の皮、これは中の味《み》というのを分けるさ。中の味は自分の使い用、上の皮は鍋で煮て、一〇斤《きん》（一斤＝六〇〇グラム）も二〇斤もこしらえてね、店屋に売るさ。店屋ではまた木綿栫は買ってくるさ。木綿栫じゃ綾をとって（模様にして）、芭蕉の中の味で自分のきものを作る。芭蕉の地は白いからこの木綿栫で綾をとるさ。緯《ヌキ》に（木綿栫を）織ってもね、芭蕉の中の味は地の綾。きれいの模様も自分で見つけてね、このきものには黒がいくつ入る、白がいくつ入るとちゃんと数えてね、やっておった」

まだ、流通手段としての貨幣が農民の間に侵透してはいなかったその当時、女たちが紡績糸を買うために店に持って行ったのは、芭蕉の外側の皮（葉柄）を灰汁《あく》で煮て乾かした繊維である。外側の皮は固いので、ナサさんが機織りに使った芭蕉は、もっぱら中の柔らかい部分である。その芭蕉の地に木綿栫で模様を入れたのである。

ナサさんは子どもの頃、友だち同士何人か組んで、結《ゆい》（前出「幻の子守唄を訪ねて、保良へ」五三頁〃ユズ〃参照）で店に売る芭蕉の上皮を煮た記憶がある。

「一二、三でも、店屋に出すのは自分でできた。子どもの時、たくさん（芭蕉の上皮を）取って来てね。たき木を持って来て、鍋に（灰汁を）たぎらせて、友だちなんかと組をつくって仕事をやる。みんな揃って、今日はこの人の仕事、明日はあの人の仕事とやっているからね、子どもの時にもやっておった」

大人が田植えや稲刈り、サトウキビの伐採等、人手を要する仕事を共同作業で行なうのを真似て、子どもたちも何人かグループを作って、芭蕉を煮たというのである。一二、三歳といえば子どもには違いないが、尋常小学校をすでに卒業しているか、中途でやめたりしていて、子守りや家畜の世話、あるいは野良仕事の手伝い等を始めており、順次、仕事の幅も、量も増やし、大人になってからする仕事を身につけていった。だが、まだまだ遊びたい盛りで、芭蕉を煮るのは仲の良い友達同士でするゲームのようなものであった。

ナサさんが最初に覚えたのは床に坐って織る地機《じばた》である。機織りも、誰に教わるというものでもなく、母や姉たちが機を織るのを見ているうちに見様見真似で覚えた。その頃は、例えば食事の仕度をするのと同じように、自分たちの衣類を整えるために糸を績み、機を織ることは、ごくあたりまえの営為であったから、一二、三歳位になると、その方法を身につけたのである。母親や姉たち、あるいは祖母に機をたててもらって（織機に経糸を仕込み、織る準備をすること）、教えられた通り、上糸と下糸に分れた経糸《たていと》の間に緯糸《よこいと》が仕込まれている杼《ひ》（経糸《たていと》の間に緯糸《よこいと》を通すために使う木製の道具）を入れてゆくと、経糸と緯糸が交叉し、わずかずつではあるが布が織りなされてゆく。それが嬉しかった。少女たちは、○○さんが機を織り始めているよ、等という噂を聞くと、まるで流行の遊びに自分だけおいていかれそうな気になって、自分も織りたいと、母や祖母に機をたててくれるようせがんだのである。機織りを覚えることは、自分たちの衣類を自分の手でまかなう労働の第一歩であると同時に、少女たちにとって、大きな楽しみでもあった。

与那国《よなぐに》の女たちは、芭蕉の上皮を灰汁で煮た繊維を店に持って行き、木綿桛《かせ》と交換してきたのであるが、木綿桛ばかりでなく様々な日用品とも交換した。

これはやはり与那国に住む松竹オナリさんから聞いた話だ。

「バナナ（芭蕉）の上の皮ね、これで店屋に商いやられた。自分のきもの作るのは中の皮でやって、上皮は店屋に持って行って交換した。何でも自分の入用のものは店屋にあるからこれと交換して。家の所帯道具でも何でも買われた。うちはその時は比川《ひがわ》におったから、比川から大きな風呂敷によ、二〇斤、三〇斤、まとめて持って行って、店屋から交換」

若い頃は比川という集落に住んでいたオナリさんは、店のあった祖納《そない》まで、約四キロの道のりを、二、三〇斤の芭蕉の上皮の入った大きな風呂敷包みを背に負って歩いて行ったというのである。

一斤は約〇・六キロだから二〇斤なら一二キロ、三〇斤で一八キロだ。だいぶの量だが、金額になおせばたいした額ではない。それでも、女たちの自由になる換金作物は他になかったから芭蕉の上皮が貴重な小遣い銭がわりとなったのである。オナリさんによれば、その芭蕉の上皮の繊維は、

「沖縄に持って行って、何か、船の綱か、そんなものに使うはずね」

ということだった。与那国の女たちが芭蕉の上皮と交換する品々の多くは、自分たちでは作ることのできない、沖縄本島から運ばれてくるものだ。

ナサさんは芭蕉の他に木綿桛を経糸《たていと》に苧《お》を緯糸《よこいと》にした交織《グンボー》や、また、木綿桛だけで綿布も織った。交織は、苧を藍で染め、紺地きものを作った。紺地《クンジ》きものは夏の上等な男着である。苧は自家で栽培して、績み紡ぐ。藍染めは、やはり、藍を自家で栽培して自分で染める人もいたが、ナサさんは、船便で石垣島に染めに出した。石垣島に藍染めの上手な婆ちゃんがいたのである。

店で買わなければならない木綿桛は上等なきものに使った。ナサさんは今でも黒の木綿で花織《はなうぃ》に織ったきものを大事に持っている。それは与那国の方言でクッタンノと呼ばれ、婚礼など慶事に着用するものだ。漆黒の木綿の全体にごく小さな花模様が織り出され、光線の加減で浮き出る無数の花が、黒一色という厳《おごそ》かさの中にひかえ目な華やぎを見せている。目がつんで、模様織りのせいか、ずっしりとした重量感もある。

「婆ちゃんな、今でも持ってる。一番上の衣裳としてね、花で、黒桛でばっかり織ってね。これは何本、何本筋で花になると、姉さんなんかが覚えたさ。私時代からはこんな花織はできなかったけど。黒い地のものでね、袷《あわせ》を立派に作って一番上のきものにしておったさ。女としては結婚の時、必ず木綿で織った花織の衣裳を一番上の衣裳として持たすさ。絶対白を混ぜない。裏も黒布で必ず袷。婆ちゃんなんかが人の祝にお招きあった時には必ずこれをかけて行くさ。婚礼式とか、八五の祝とか」

ナサさんは地機から高機《たかはた》に移ったのがいつ頃であったか覚えてはいない。床に坐って織る地機より、腰かけて織る高機の方が身体も楽で、能率もよかったから、高機が入ってくると瞬く間に普及した。だが、それから何年位、与那国の女たちが芭蕉を織ったものか。紡績工場で大量生産される綿糸に続いて織機で織られた綿布も出まわり、それは南海のこの小さな島にまでも届き、自分たちの衣料を自分たちの手で生産するという楽しみであり苦心は、便利さに駆逐《くちく》されていく。

長い時代を通じて芭蕉は地機で織られてきたが、多くの女たちが機織りから離れる最後の一時期に高機で織られた。言い変えれば、芭蕉を地機で織った衣料の自給自足時代から、機械工場で大量生産される商品としての布を消費するようになるその過渡期、紡績糸が流通し始めた頃、家内工業的に改良された高機が、農村の女たちの間にも普及し、だが、その後間もなく、女たちが機を織る習慣は島々から消えていったのである。

貢納布《こうのうふ》としての上布《じょうふ》

平良《ひらら》コヤさんには、機織りのことを聞くためでも、人頭税にまつわる話を聞くためにうかがったのでもない。石垣島の石垣小学校のすぐ側で学童相手に文房具屋兼駄菓子屋を商っていた花城ミヨさん（明治二五年生まれ）に、「あの婆ちゃんなら平民だったから知っているはず」と教えられて、〝毛遊《もうあし》びー〟のことをたずねに行ったのだ。が、明治二二年生まれという高齢のコヤさんには何でも聞いておきたい気持にかられて、若いころの日常茶飯のこと、子の養育のこと、機織りのことをたずねるうち、思いもかけず、コヤさんは、母や叔母たちが貢納布《こうのうふ》の検査を受けに行った遠い日の記憶を手繰《たぐ》り寄せた。コヤさんの生まれた年代と、歴史上の年表をつき合わせれば、コヤさんの少女時代の記憶が人頭税と結びついても少しも不思議はないのに、歴史書の中に埋もれてしまったとばかり思い込んでいたことがらが突然目の前に現われて、私はうろたえた。

明治二一年生まれの人までが人頭税を課されたので、コヤさんは一年違いで辛うじて貢納布作りを免れたのだが、七〇有余年を経てもなお脳裏に焼きついているのは、母や叔母たちが、髪の毛よりもさらに細いかと思われるような苧《お》で織った御用布を上納する姿だ。

「(上納する日) いまの市庁のところに後ついてね、叔母さんら、お母さんらの後について行って……。(台のようなものの上に織り上げた上布を) かけて、調べたんですよね。みんな順調に布目をおろしたら、もう、主の前、泣いていらっしゃるから、かわいそうであったど。かけて、ゆっくりゆっくり (布を少しずつずらしながら) 調べたんです。みんなおろされたら、はぁ、もう喜んで。こんなであった」

その日、母や叔母たちの緊迫した気配に、コヤさんら子どもたちも神妙な面持ちで貢布座へついて行った。そこでは数名の検査役人が立ち合い、原料、染め、織り、量について厳格な検査がなされた。自分の織った布が合格すると、跪《ひざまず》いて検査のなりゆきを見守っていた母が、検査役人の目もかえりみず泣き伏した姿をコヤさんは忘れられない。母が哀れであった。子どもながらに農民というみじめな境涯《きょうがい》が身にしみた。もし合格しなければ穀物で代納させられ、そのために牛馬、家財等を売らなければならない人もいた。代納もできなければ、入牢《にゅうろう》、もしくは村払い等の厳罰に処せられたのである。

「昔の御用布《グイフ》は難しいもの。上布織る人は何人ていらっしゃる (数える) ぐらいであったからね。(糸は) 髪の筋ぐらいな績《う》んでね。易《やす》いのあたる人は一人で。桛 (経糸) が誰々いくら、誰々いくら、桛の分が三人して。緯《ぬき》 (緯糸) はまた一人にいくらなんて……」

コヤさんは上納する布のことを〝グイフ〟と言った。八重山ではこんなふうに発音するのか、と思いながら私は頭の中で〝御用布〟の文字をその言葉にあてた。厳密にいえば貢納布は御用布と定納布に分けられる。宮城文の『八重山生活誌』によれば、御用布は平民の女たちに課された白細上布、紺細上布、赤縞細上布のことだそうだ。士族の女たちに課された白上布、白中布、白下布は定納布《ジョーノーヌヌ》と呼ばれた。平民女が織った御用布の方が士族女の織った定納布より細い糸が使用されたため、手間がその分かかり、紺細上布は藍で、赤縞細上布は紅露《クール》（六八頁参照）を染料として染める手数も加わった。そして、課された分量自体に大きな差があり、平民女は士族女とは比較にならないほどの重い負担となったのである。そしてそのことは、穀納を課された男たちも同様であった。

御用布は比較的目の粗いものでも一七枡《ヨミ》、一八枡で、二〇枡といった織目のつんだものもあった。布を織った経験のある老女たちにたずねると、経糸《たていと》の数え方を、ちょっとした節をつけて、呪文のように唱えるのを何度か耳にしたことがあるが、花城ミヨさんからも八重山のそれを聞いていた。一《ピト》パーが経糸の最少の単位である。一《ピト》ティが四パー、一枡《ピトシマリ》が一〇パー。一パーずつを筬《おさ》に通すと上糸《うわいと》と下糸《したいと》になるから、一パーを便宜上二本と数えれば、二〇枡の御用布は経糸一六〇〇本という目の細かさである。

原料となる苧《お》の栽培は各家庭に人頭割で課された。苧から繊維をとり、その繊維を爪先で細く裂いて継ぎ、糸車にかけて縒《より》をかけ、経糸、緯糸を作り出す。そしてようやく機にかけるのであるが、これらの作業は四〜六軒位でひとつの組をつくり、選定された責任者を中心にして行なわれた。その責任者によって各家庭に用意すべき経糸、緯糸の分量が示された。コヤさんの話では緯糸よりは強くなければならない経糸に多目《おおめ》の人数があてられたようだ。必要量の経糸が準備できると担当役人の検査を受け、一〇センチ程織り始めたところで再び検査を受け、合格すると初めて本格的に織り出したのである。

糸作りには全体の三分の二の女たちがあてられた。機を織ったのは残りの三分の一の女たちである。織女《おりめ》は年少の頃から見習いとして練習を積んでいた者の中から村吏によって選び出され、命を受けると、拒むことは決してできなかった。

機を織るのは各村の番所内に設けられた機織り小屋（布織家《ヌヌウルヤー》）で厳しい監督のもとに行なわれたが、その様子が旧慣調査のため沖縄県へ派遣された一木喜徳郎内務省書記官の「取調書」（『沖縄縣史14』所収）に次のように記されている。

「暗黒ニシテ床ナキ矮屋ニ機杼ヲ構へ、十数人一舎ニ雑居シ、布筑（ぬのちく）ノ監督ヲ受ケテ織立ニ従事シ、多数ノ幼児ハ母ヲ慕テ舎外ニ群集シ、頗ル喧囂ヲ極ム、其状稍獄舎ニ似タリ」

明治政府から派遣された内務省の役人をして「獄舎ニ似タリ」といわしめた暗い布織家で経糸の柄に緯糸の柄を一回一回合わせながら織るという根気のいる仕事に身心をすり減らしている、その小屋の周りに幼な児たちが母を慕って集まり、たいへんな喧噪《けんそう》を呈していた、というのである。柄が複雑なものになると一日に織れるのはせいぜい一〇センチから一五センチ、一反を織り上げるには二、三ヵ月を要した。一人の織女には約三反が割り当てられたから一年のうち六、七ヵ月は布織家のいざり機《ばた》に身を屈《かが》めなければならなかったわけだ。約半年もの間、幼い子を放っておいて、子らのためではなく、夫や自分のためでもなく、貢納のための根気仕事に耐えなければならなかった女たちの心情はどのようなものであったか。

織女たちは、熟練すればより目のつんだ、より精緻な柄をあてられ、それだけ手の込んだ仕事をしなければならなかったのだが、奨励金が与えられたり、手の甲に織立てる模様を入墨して熟練者であることを表示する、等の奨励策がとられた。

「(御用布を)どこに納めるっていうのもわけも分らんけどね、役場みたいなところで調べてからに、まとめて、上《うい》の、例えば天皇陛下ぐらいのところに納めたんだろ。御用布が順調におりたら(検査に合格したら)、もうそれからうたうのがあるよね。織った者が役人まわって、ありがとうって、まわって歩いたって。小さい時だからあまり意味も分らないが、昔はいまから言うたら、生《い》き虫みたいに扱われているね」

村々の女たちが身を細らせて織った貢納布は薩摩支配時代には、琉球王府に集められ、王家用や薩摩への献上品、また中国への進貢貿易品となった。明治政府のもとでそれらの貢納布はどのような流通経路を辿ったものか、コヤさんがもの心ついた時の最高権力者は天皇で、そのような権力者のところへ納められたんだろ、と言った。薩摩支配時代、琉球王府を通して行なわれた収奪が、明治に入って直接のものになった、と重税に喘《あえ》ぐ人々が時代を直感するのは不思議なことではない。その頃の農民は〝生き虫〟みたいな扱われ方だったというのがコヤさんの感慨だ。

長い月日をかけて織った布が無事検査を通った時の喜びようはコヤさんの話からも伝わってくる

が、『八重山生活誌』にその時の様子がさらに詳しく記されている。

「無事合格と宣言された時は、夢中になって手を合せ、感謝の一言をあげる者、泣く者、気絶する者、跳び上がる者と感激の一幕を演ずる。やがて彼女たちは手の舞い足の踏むところを知らずという心境で、狂気にならんばかりに歌い踊り狂うのであった。しばらくしてヤマカシラを振りまわし、鼓をたたきながら歌と踊の行列が始まり道の辻々に淀んでは『キユヌ日《ヒ》ヌサニシャ、クガニ日メサニシャ』＝（今日のうれしいことよ、黄金日のうれしいことよ）と歌って踊るのであった。道ばたに立ちならぶ人々も、涙ぐんで手をふりふり彼女たちを励まし、あちらこちらからボーレボーレ（よかったよかった）の讃辞がとび出し、それに励まされて彼女たちは調子にのってますます力強くはしゃぐのであった。また彼女たちは与人の家、貢納布の世話係の役人の家などを回って感謝の意を表しに道々を踊り狂うのであった」

二、三ヵ月もかけて、身を細らせるようにして織った布が完成した時にはその出来ばえに心を配り、それが、自らは決して手を通すことのない布であっても、芯の疲れる根気仕事をやりとげたという、いわば生産の喜びを織女たちは味わっただろう。だが、織りあげた布が検査を通った時のこの織女たちの感涙、歓喜は生産の喜びといったしみじみとしたものではない。どのようなことがあっても逃れることのできないその年の苦役の呪縛《じゅばく》から解放されたという、絶望と紙一重の歓喜なのである。翌年にはまた次の苦役が同じように待ち受けている。

いま、昔ながらに手で苧《お》を績《う》む老女たちにたずねれば、その作業が楽しいからだ、という。手機《てばた》を織る人々も、機を織るのはおもしろいという。糸を績むことにどれほど根気が必要であっても、機織りが、野良仕事で身体を酷使した合間の寸暇を惜しんでの仕事となっても、身近に暮らす慈しむ者のためであれば、多くの女たちがその作業に馥郁《ふくいく》とした喜びを感じたに違いない。本来、女たちの楽しみであった作業が苦役となったのは、古くは貢納布を課された時であり、時代が下っては、『女工哀史《じょこうあいし》』（細井和喜蔵《ほそいわきぞう》著・一九二五年）に代表されるような、機械化された生産機構の中で、布が女たちの手から離れ、そこでの労働が資本の収奪の対象としかならない時だ。

人頭税時代を辛うじてはずれて、コヤさんも慈しむ者たちのために布を織った。

「きものは自分で機織りを……。桛《かせ》は沖縄なんかから旅から買ってきてる。こっちに流して売るんだから。それを買ってきて自分で機織りを……。紺桛、ミズル桛、白桛、あんなもの買ってきてどんな縞模様でも作って……。夏物はまた、こっちの糸（芭蕉）があるでしょ」

コヤさんが身近な者のために機を織った頃にはすでに八重山には商品としての木綿桛が行商人等の手を通して、入って来ていた。それはまぎれもなく機械化された工場で大量生産された、多くは農村出身の紡績女工たちの手になる木綿糸である。

私はかつて、津軽のこぎん刺しと南部の菱刺しの精緻な模様に惹かれて東北の小さな町や村々を歩いたことがある。

棉花の栽培の北限は会津で、藩政時代、木綿の使用を禁じられていた農民が、種子蒔きから機織りまで、ほぼ一年がかりで織りあげた貴重な麻布《ノノ》を、より長持ちさせるため、そしてまた極寒の季節に少しでも暖くするために、二枚重ねて、織目を塞ぐように刺したのがこぎん刺しであり、菱刺しだった。コヤさんとほぼ同じ世代、もしくはやや年代の下がった老女たちが家族のために麻布を織った頃、津軽や南部にもようやく木綿が出廻り始めたのだが、その頃、「もめん」という音は晴着と同義であった。それほどにまぶしい思いで津軽や南部の人々は木綿に接したのである。だが、わずかな現金収入しかない農民が、真新しい「もめん」に手を通す機会などほとんどなかった。初めて農婦たちが木綿を手にしたのは〝たばねつぎ〟と呼ばれた、関西方面から流通してきた古着を解いた小切れである。農婦たちは行商人が野良に運んできた古木綿の小切れを、例えば、首筋に触れる衿《えり》のほんのわずかな部分に使うなど、柔らかい肌触りを喜び、大切に扱ったのである。木綿が自由に手に入るようになったのはもっと時代が下ってから、絣《かすり》の綿布を野良着にするようになったのは、太平洋戦争直前のことだったと東北の老女たちは語っていた。

コヤさんは沖縄本島から来る紺、水色、白等の木綿桛で機を織り、家族の冬物とした。夏物は古くから織られ続けてきた芭蕉布をあてた。苧布を織ることもあった。原料は同じ苧であっても、一九枡《ヨミ》、二〇枡といった人頭税時代の上布に較べれば、目は粗かった。人頭税時代には各家に栽培を義務づけられていた苧も、コヤさんが織る頃には沖縄本島や台湾からきており、台湾産のものは特に台湾ブーと呼ばれていた。家族の衣料とした芭蕉も、貢納布として織った上布も、その原材料まで自らの手で作り出していた時代から少し過ぎて、商品としての紡績糸で織った綿布を冬物には着用し、海を越え運ばれてくる苧を物交等で入手できるようになり、コヤさんの機織りも資本主義的流通機構に組み込まれ始めていたのである。

賃機《ちんばた》を織る女たち

石垣島の花城ミヨさんは芭蕉も上布も木綿もシルケット（光沢のある綿）も織ったという。芭蕉や木綿は自分たちで着るため、上布やシルケットは換金するためである。

「機織り、うんとやった。もう昼も、夜もね。昼は上布ね、夜はシルケットね。シルケットは易いから、ランプ上にかけてね、ランプの明りでね。上布はまた、とっても難しいであったよ。赤縞ね、とっても上布なんかは高いからよ。糸は婆さんなんか績《う》むでしょ。これまた自分でカルキに晒《さら》して、綾《あや》も自分でつけてね。ちゃんと買う人、沖縄からいっぱい来てね、検査もあるから検査受けて、合格すればすぐ売ってきたんですよ」

ミヨさんが、「機織り、うんとやった」という時の機織りは、自家用以上に、換金を目的としたものである。思春期を迎える頃から結婚するまでの数年間、八重山から台湾や沖縄本島へ働きに行ったり、また、紡績女工として大阪方面へ行く者等、島を出て行く娘が決して少なくはなかった。島を出て行くことで〝近代〟に多くの娘たちが近づいていったのであるが、ミヨさんによれば、台湾へも沖縄本島へも、大阪方面へも行かなかった娘たちは、島で上布やシルケット等、賃機《ちんばた》を織ったという。明治末期から大正にかけて、都会では機械化された近代的な工場が続々と増設され、農村の労働力を吸いあげて、紡績、紡織業は富国強兵策の経済的基盤となっていった。一方、村々では、数台の高機を置く家内工業的な規模の工場が生まれていた。その工場では、農村の女たちが手で紡いだ糸を集め、自分の工場で織子に織らせ、また、近隣の村々の女たちに一反いくらと定め、賃機にも出していたのである。ミヨさんが賃機で織ったのは、貢納布として織られていた上布が、その高度な技術が珍重されて人頭税廃止後商品化したものである。

シルケットは、木綿を化学処理して絹のような光沢を出したものだ。ミヨさんは、糸も太く扱いやすいシルケットはランプの明りを頼りに夜、ごく細い苧糸で織る上布は昼間の明るいうちに織った。苧糸は空気が乾燥すると切れ易く、〝気難しい〟繊維だと織女たちはいう。それだけに、織りキズや汚れ等、細部にわたる検査に合格すれば、高い値で取引きされたのである。

ミヨさんは家族が着るきものもやはり自分で織った。冬用には木綿、夏用には苧や芭蕉、木綿糸は買ったものを使い、苧や芭蕉は自家製を使った。

近代の資本主義的流通機構に触れ始めてはいたものの、衣料品を買う習慣はなかったミヨさんの娘時代には、嫁入りの時に持参する衣類を大勢の友だちが交替で機を織り、縫い整えて祝ったという。

「結婚する時は、機は二つも三つも、ない人は機を借りてきても置いてね。友だちなんかいっぱい、今日はこの友だちが来て機織りしてくれるでしょ。明日はあの友だちがきて、明後日はあの友だちが来て……、みんな機織りしに来たよ。結婚前になったらよ。その時、おもしろかったわ。また夜になったらね、みんな裁縫、縫いに来てくれるから。結婚の時、きものは山積みしてね、もう、きもののたくさんある人は誇りね。誰々は何枚きもの作ってあったよ。誰々はいくつあったよ、で、これが話の種さね。あんなであったもんだから、結婚式明日という日はきれいに洗濯してね、糸でとめて、きれいに折りたたみて。ウエキヤー（屋号）の子どもなんか山積みしてね、羨めしくあったよ。友だちは気持からね、これだけは手伝いしなければならないと、機織りやる人は誰々の結婚式だから何日位は機織りに行かなければならないと、みんな計画しておる。また裁縫上手な人はね、行って。夜はよ、みんな集まって来てよ、（嫁に）行く前はとっても賑やかであったよ」

アメリカの西部開拓時代、結婚を祝って、大勢の友だちが小布に薄く綿を挟んで細かく針を刺したものをそれぞれ持ち寄って継ぎ合わせ、ベッド・カバーを作って新しいカップルに贈ったというが、石垣島の娘たちも友の新しい門出を、機を織り、きものを整えてあげて祝ったのである。もっとも、士族とか平民といった身分制度がまだ残っていた時代の、それは士族の習慣であったかもしれない。士族だけのものでないにしても、きものを用意できるのは、ゆとりのある家の娘だっただろう。

直接身につける衣類をしつらえることはそれが身近な人のためであれば、機を織るにしても、縫うにしても、その人の深い想いが込められる。嫁入り前の何日間か、友の家に通い、機を織り、縫い物をして新しい門出を祝福する、そんな情の籠《こも》った友だちつき合いを、ミヨさんの娘時代、島の娘たちはしていたのである。

八重山で織られた赤縞上布や八重山上布が人頭税廃止後一般の市場で見られるようになったそれ

以上に、宮古上布は広く各地に出廻り、宮古の特産品となった。

宮古島のはずれの村、保良《ぼら》に住む平良カマドさんが平良の町の機屋へ住込みで入ったのは二〇歳の時だ。それ以前、母や、機織りの上手だった姉に教わって、自分で着るものは木綿桛《かせ》を縞模様にして織っていた。島々の娘たちが、機械工場で大量生産された木綿桛を比較的たやすく手に入れられるようになると、最初に機織りを覚える時には木綿桛が使われた。芭蕉や、特に苧は空気が乾燥すると糸が切れやすく、織りにくいが、木綿はそんなこともなく、初心者には扱いやすかった。

島々の女たちが商品である木綿桛を比較的簡単に入手できるようになった背景には、人頭税時代の租税の現物納が土地整理以降、地価による金銭納に変わり、また、農民の営農方法が、貢納品以外は生活物資の多くを自給自足するという態勢から換金作物の生産へと移っていった時代の変化がある。宮古、八重山の主な換金作物はなんといってもサトウキビで、宮古では一九〇八（明治四一）年に砂糖同業組合が組織され、輸出産業として重要な位置を占めていったし、また、八重山では明治二〇年代に奨励され始めていたサトウキビの栽培が、本格的になるのが明治末期、一九一七（大正六）年には東洋製糖株式会社八重山製糖所が三〇〇万円という大資本を投じて設立された。宮古でも一九一二（大正一〇）年に台南製糖株式会社宮古工場が設立されている。

時代が封建的な自給自足経済から資本主義経済へと大きく変化し、換金作物であるサトウキビを作るようになってはいても、流通手段としての貨幣が島々に浸透するには年月がかかる。土地整理以降、土地は私有化されたものの独占化が進み、多くの農民が瞬く間に小作農に零落《れいらく》していった。

人頭税時代に七公三民といわれるほどの税負担に喘いだ農民は、近代に入っても約五割という高率の小作料金に呻吟《しんぎん》する。換金作物の生産を始めたものの、旱魃《かんばつ》や台風に襲われ、大きな被害を受ければ、小作料を払うのもやっと、翌年のキビ代を担保に借金を繰り返すという中で人々は生きていた。

カマドさんは娘の頃、自分で着るものは木綿桛で織っていた。その木綿峠は、友だちとユズ（結）で苧を績み、できた苧糸を平良まで持って行き交換してきたものだ。農村の女たちが紡いだ苧糸は町の機屋で上布に織られた。

機織りが好きで、また得意でもあるカマドさんだが、芭蕉は織ったことがない。けれど、母が自分で織った芭蕉布を着ていたのは見ている。自家用に芭蕉布を織って着るという長く続いた習慣は、カマドさんが機を織る頃には保良で消えかかっていたのだろう。織りやすい木綿桛は初心者向というこどもあったろうが、自家栽培できる芭蕉よりも、島の女たち、特に若い娘たちが紡績工場で生産される木綿桛を好んだのは、都会から運ばれてくる新しい息吹きを感じたからに違いない。

カマドさんは平良の機屋で働き始めた。最初、掃除や洗濯、食事の仕度など、小間使いのように使われて、その合間に木綿で主人の子どもたちのきものを織ることから始まった。家で木綿を織る時には地機で織ったが、平良へ行ったら高機だった。苧糸で上布を織るのは、木綿を織るのとは比較にならないほど難しい。それでも約一年後、だいたい上布が織れるようになって保良へ帰ってきた。そして、家で、母と姉が績んだ苧糸で上布を織った。染は、町にあった藍屋《アジャー》に糸を持って行って頼む。柄見本があったので気に入った柄を指定すると、専門の職人が染めてくれた。あらかじめ苧糸を白く模様に抜く部分は糸で縛っておく。そしてガジュマルの木の皮の灰汁の上澄に藍を入れておくと一週間程で黒くなるので、その中に苧糸を入れて何回も何回も黒くなるまで染めるのだ。経糸《たていと》と緯糸《よこいと》の柄がピタリと合うように染めるのが職人の腕だった。染めあがった糸を藍屋から家に持ち帰ると、まず最初に経糸を一本一本筬《おさ》に通して機にかけた。そして、いよいよ織り始めるのである。

「最初に織る時は宮古上布という字があったさ。それも模様作って……」

桛は経糸も緯糸も織りあがった反物が宮古上布であることが広げた時にすぐ分かるように、深い藍地に白く〝宮古上布〟と染め抜かれていた。その文字が織り出された頃にはその機に慣れてくる。機械で生産された紡績糸とは違って、手で績み、紡がれた苧糸は、同じ細さでも、それを績み、紡いだ人の癖がある。その癖に慣れるのが、〝宮古上布〟の文字が織り出される頃だ。カマドさんは一日に約一五センチ位織った。一五センチも織るのは手の早い方だ。地機で織られていた人頭税時代よりは、高機になって多少早く織れるようになっただろうが、それでもやはり、一反織り上げるには六、七〇日もかかった。

「一日五寸位織ったからね。五、六寸織ったらいい成績だったよ。六〇日、七〇日で織りあげたさ」

カマドさんが機織りを習いに行った年、保良から四人の娘が同じように平良の機屋に入った。けれど保良へ帰って来て、家で機を織り始めた時、織り上げた反物が検査に通ったのはカマドさん一人だった。人頭税時代の検査役人にかわって、当時宮古郡織物業組合が、宮古上布の品質を保持するため厳しい検査を行なっていたが、その検査に他の三人は合格しなかったのである。

苧は空気が乾燥すると切れやすくなる。経糸に緯糸の白く染め抜かれた模様を一回一回合わせながら織り進んでいくのだが、経糸が切れてもうまくつながないと柄がずれてしまう。もちろん織りキズになってはいけないし、検査は反物の端から端まで念入りに行なわれた。もし検査で合格しなければ、正規の値では売れないので、親戚や知人等に値を下げて売るしかなかった。

「横糸も合わすのが問題。細かい模様を合わす。頭が痛かったよ」

扱いの難しい極細の苧で細かな柄を合わせながら織り続けていると、頭痛がしたとカマドさんはいう。それだけに一反が織り上った時の喜びはひとしおだった。農業では決して手にすることのできないような報酬が入り、それで家計を助けることができたのが何より嬉しかった。

「たいへんなお金つくりだったさ。二、三〇円といったらたいしたお金であったから、家族はみんな喜んでいたよ。だから、うちのお母さんはあなたに助けられた、といっていた」

まだ平良の機屋に入らなかった頃、紡績女工として都会へ行く娘たちの噂を聞いて、カマドさんも〝ボーセキ〟に行きたいといつも思っていた。

「若い時、行きたかったさ。ボーセキに行って機織りたかった。その当時は子どもであるから、友だちと一緒に機織りたいなぁと、行ってみたいなぁとウロウロしていたけど、こっちでしゃべっていただけさ」

都会の織物工場で機を織ることに憧れながらそのきっかけもなく、平良の町で一年間だけ機織りの修業をしてきて、一人村でこつこつと賃機を織っていた。カマドさんは、

「いまも織れたら織りたいな、楽しいよ」

といった。

結婚してからは農婦として暮らしたカマドさんは一度も上布を織っていない。

2　南の島の新村興亡

消えた村々

今村昌平監督の映画『神々の深き欲望』のふたつのシーンがいまでも忘れられない。冒頭、大きなガジュマルの木の下で足のない老爺が蛇の皮の三線をつまびいて、島の子どもたちに国造りの話を語っている。

〽むかしむかしの　そのむかし
クラゲの海にやってきた
あにといもとの神様の
島を造ったものがたり
島のはじめのものがたり

大きなガジュマルの木の向こうはくどいくらいに青い海だ。唄にうたわれたこのクラゲの海に浮かぶ島のはじめのものがたりは、映画の中の兄と妹によってリフレインされる。つまり二人はクラゲの島を脱け、海のかなたにあるという神島をめざして、「二人で島を造ろう、神さまみたいに」といって船出する。小舟には豚もニワトリも乗せていた。

兄と妹は結局神島に辿りつくことはできず、新しい島のはじめのものがたりは生まれずにクラゲの海に浮かんだ島にも近代化の波が押し寄せ、製糖工場ができ、島の伝説は観光資源のひとつになるのだが……。

老爺に島のはじめのものがたりをもう一度聞くことはできないだろうか、という幻想を抱き、勝手にクラゲの島を石垣島と決め込んで訪れたのは復帰の翌年、一九七三年の八月であった。

那覇まで乗ってきたジェット機のスピード感覚からすれば、南西航空のＹＳ11は不安になるほどゆっくりとプロペラをまわして南へ向かった。野っ原に滑走路が一本だけ伸びた石垣空港は、空港ビルといった建物もなく、手荷物は、飛行機から荷をおろして運んできたトラックからじかに渡されて、後の方になるともう、タクシーも行ってしまい、人気もなくなって静まりかえった炎天下の南の島はひどくとっかかりにくく思われたものである。

翌日、島を一周する観光バスがあると聞いて乗ることにした。

不思議なバスであった。

乗客は一〇人ほど、案内はすりきれたテープが受け持った。亜熱帯植物群の中の乾ききった白い細い道を行くと、生きもののような植物群は、バサッ、バサッとバスに覆いかぶさってくる。すりきれたテープは次から次に豊富な八重山民謡を流し、老婆二人連れは早くも狭い座席で上半身を踊らせた。音階の高い、ねばりのある声の民謡が終わると、バスの中の空気はバツ悪く白けて、車体のきしむ音が妙に増幅される。

と、突然、テープは村の興亡の跡を次つぎに指し示した。マラリアで絶滅した村、台風や旱魃《かんばつ》にたたられて過疎となった村、すりきれたテープは数々の八重山民謡とともに、ここ、二、三〇〇年にわたる石垣島の新村興亡譚《あらむらこうぼうたん》を語ったのである。指し示された窓の外の風景は、透明な空と白いリーフの海に光あふれ、八重山の島々が確かに神々の島であったような気がしてくるばかりで、村の跡形もない。なぜか公民館だけがピンクやクリームやブルーなど、淡い美しいコンクリート壁を、降りそそぐ光線に不思議なほどまばゆく反射させていた。だが、時折、廃屋に草が茫々《ぼうぼう》と生い茂り、かつて人が住んでいたであろうことが偲《しの》ばれる。しかしそれも、激しく生成する亜熱帯植物群に間もなく侵蝕されてしまうだろう。廃屋に混じった何軒かの家は、ひっそりと戸を閉ざし、強すぎる南国の太陽は人の気配をすっかり消している。一、二枚雨戸をはずした家の中は漆黒《しっこく》の闇だが、人々はあの闇の中でどんな営みを続けているのだろう。

老爺が、三線で弾き語る国造りの話をガジュマルの木の下で聞きたいと思ったはじめての石垣行は、こうして島を一周する観光バスの、すりきれたテープが流す新村興亡譚で始まったのである。

それから数年ぶりに石垣島を訪れた。

那覇から石垣への航空便は一日一二便にも増え、南西航空のスチュワーデスは南国の太陽のようなオレンジ色のスーツを身につけ、それは、地元客よりは観光客を意識してのことであるらしく思えた。立派な空港ビルもたち、市の中心地である石垣港近くには新しいホテルが建ち、観光案内所ができ、みやげ品店の数も増えていた。海洋博以来のことだという。群を抜いて高い一〇階か一一階ぐらいの本土資本のホテルは新婚さん専用といった感じで、玄関前にはピカピカに磨きあげられた黒い大型ハイヤーがデンと構え、その脇でカップルの女性客はスカートをヒラヒラさせる。観光立県沖縄のキャンペーンは見事に石垣島にまで届いていた。

バスターミナルに行ってみた。島を一周する観光バスは数年前と同様午前一〇時きっかりに出る。帰ってくるのは午後四時だ。もう一度乗ってみる。また乗客は一〇人ほどである。老婆が二人、大きなリュックを持ったカップルが二人、それに陽気な三人組、写真ばかり写しているサラリーマン風、中年のしかつめらしい男二人。バスが市内を抜け、テープが八重山民謡を流し始めると、今度はそれにあわせてうたい出したのは陽気な若い三人組である。バスはガタピシと車体を軋《きし》ませ、復帰記念事業とかによる道路工事に出遇って気長に待ち、民謡の合間に語られるのは、宮良殿内《みやらどぅんち》や川平湾《かびらわん》や野ヤシや天然記念物であるヒルギ（マングローブを構成するヒルギ科の常緑高木）などの他にはやはり、新村興亡譚だったのである。だがそれは車体の軋む音で打ち消され、音階の高い民謡だけが陽気な三人組の声とともにバスの中に響いた。リュック持ちのカップルはその高い声に「頭が痛くなる」とぼやいた。

バスの外の風景は、前回来た時よりは、こころもちおだやかに見える。きれいにはえそろったサトウキビの穂が風になびき、パインが赤銅色の土に整然と植えつけられ、牧草地では牛がのどかに草をはんでいる。私が見たと思った荒れはてた新村興亡の跡は錯覚だったのだろうか。

寄人《よせびと》政策から新しい〝道切り〟へ

野底《のそこ》は例のすりきれたテープで流していた八重山民謡「ちんだら節」にうたわれた村だ。

〽とうばらまと我《バア》んとや　童《ヤラビ》から遊びとうら
（あなたと私とは子どもの時からの遊び友だちでした）
かぬしやまと是《クリ》とや　いみしやからむちぃりとうら
（お前と私とは幼い時からの親しい仲だった）
島《シイマ》と共《トミ》で思《ウモー》だら　国《フン》と共《トミ》で思《ウモー》だら
（島のある限り、国のある限りと思ったのに）
黒《クル》島に居《ウ》るけんや　先島に居るけんや
（黒島にいた時は、先島にいた時には）
島一《ピイティ》つやりうり　里一つやりうり
（郷里が一つであったので）

ゆなびしん我二人《バフタリ》　ゆいふりん我二人
（夜業をする時も、ユイ〈労働交換〉をする時も一緒であった）
山行ん我二人　磯下《イスウ》りん我二人
（山へ行く時も、磯に下りる時も又一緒であった）
別《バカ》り欲《ブ》しや我無《バネ》ぬ　離《ヌ》き欲しや是無《クリネ》ぬ
（別れたくもない　離れたくもない）
汝《ウラ》と共で思だら　我《バヌ》と共で思だら
（お前と一緒にと思ったのに　私と一緒にと思ったのに）
沖縄《ウチナ》から御差図《ウサシズ》ぬ　美御前《ミウマイ》から美御声《ミウングイ》ぬ
（沖縄〈琉球王〉からの命令で、主上からのお声がかりで）
島別りでおはられ　国別りでおはられ
（島別れをせよと仰せられ）
とばらまや行き苦りしや　野底《ヌスク》に別ぎられ
（あなたは行きにくい野底に移され）
かぬしやま居り苦りしや　黒島に残《ヌク》され
（お前は居づらい黒島に残された）
泣く泣くど分《バ》ぎられ　ゆむゆむど分ぎられ

（泣く泣くも、いやいやながらも別けられた）

以下略

琉球王朝時代、寄人《よせびと》政策によって黒島《くろしま》から石垣島へ強制移民された若者と黒島に残った娘の身の上を役人が思いやってうたった唄である。

寄人政策は、薩摩藩の侵入後、急速に窮乏した琉球王府の財政建て直しのため、時の国相蔡温《さいおん》が宮古、八重山に課した人頭税のよりいっそうの増収を図って未墾地に新村を建て、開田させた移民政策である。その強制移住は、道切りといい、ある道を境に村に残る者と移住する者をうむをいわせず決定するという無謀な方法であった。寄人は移民のことで、強制移住させられた農民は寄百姓ともいわれた。

黒島から石垣島には四〇〇人が強制移住され、尚敬二〇年享保一七（一七三二）年に野底村が創建された。黒島は石垣島から二〇キロ離れた小さな島で、耕地が少なく古くから小舟を操り西表島《いりおもてじま》まで行って田畑を耕していたが、人口過剰で常に食糧不足に悩まされた島だ。

野底村は約一七〇年続いて一九〇五（明治三八）年に廃村となったが、この時、東盛ナビさん一人が村にとどまり、一九三四（昭和九）年、老齢のため郷里の新川へ移るまで住んでいたという。

八重山支庁農林水産課で出している『八重山の農林水産業』五二年版（一九七七年版）の八重山農業年表にはおびただしい数の新村創設と廃村年度が記されている。少し長くなるが抜き書きしてみよう。

一七〇三　黒島から鳩間村へ五〇〇人移す
一七一一　竹富、新城両村から伊原間へ、黒島村から平久保村へ移民補充
一七一三　白保村は波照間村から三〇〇人移民して独立村となる
一七三二　野底、桃里、高那村創立
一七三四　南風見、安良、屋良部村創立
一七五三　伊原間、白保、竹富から安良村へ寄人補充、桴海村独立
一七五五　崎山村創立
一七五七　大川、新川、仲原三村創立
一七六八　上原村、仲与銘村創立
一七七一　大津波襲来、死亡行方不明九三一三人
　　　　　赤蠅異常発生、牛馬一〇〇頭余へい死す
一七七三　凮干害のため凶作、大飢饉、牧牛二三〇〇頭を食して餓死免る
一七八五　宇良村盛山へ移転し盛山村と改称
一八三四　伝染病流行し二六〇〇人余死亡（天保五〜天保九）
一八五七　黒島から桴海村と上原村へ補充人寄人

一八七二　琉球王国琉球藩となる
一八七九　廃藩置県　沖縄県誕生
一九〇四　鹿川村廃村
一九〇五　野底村廃止但し一戸踏止る
一九〇九　上原村廃村
一九一四　崎枝、桃里村廃村
一九一六　名蔵村廃村
一九一七　盛山村廃村
一九四五　崎山村廃村

こんな年表が他にあるだろうか。石垣島を一周する観光バスがすりきれたテープで八重山民謡の合間合間に案内していたのは、南国の光の中のこれらの廃村跡だったのである。

まだある。琉球王朝時代に行なわれた寄人政策の他に、明治に入って、廃藩で職を失った首里士族のシーナ原、川良原、カンジ原への入植、明治から大正にかけての砂糖ブームにのった本土からの入植、パインを石垣島に持ってきた台湾人の入植、一九三八（昭和一三）年頃から始まった沖縄振興計画による入植、そして、戦後の沖縄本島、宮古島からの入植である。石垣島の近世から近代へかけての歴史は実に移民の繰り返しの歴史だったのである。

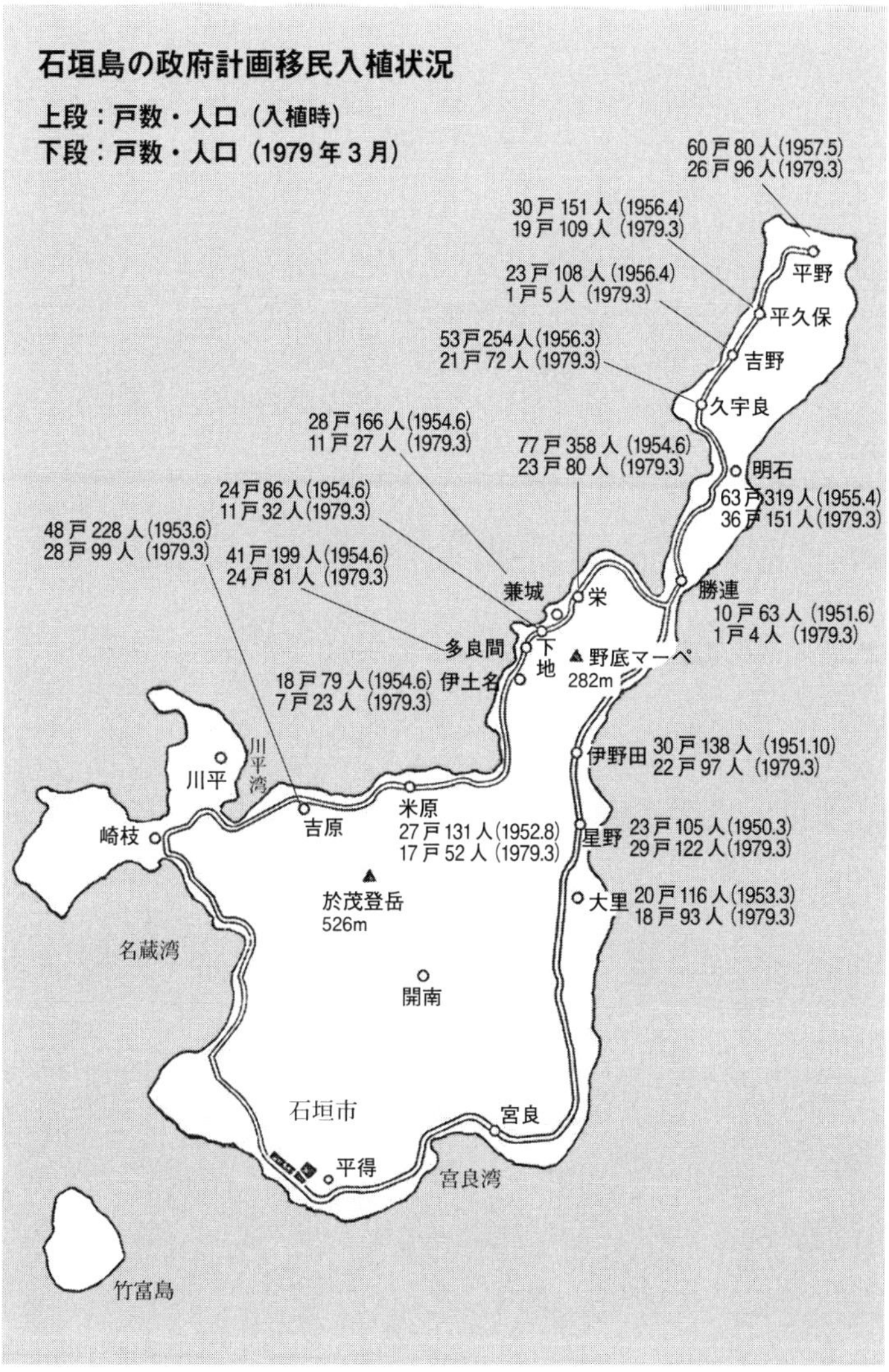
石垣島の政府計画移民入植状況
上段：戸数・人口（入植時）
下段：戸数・人口（1979年3月）
60戸80人(1957.5)
26戸96人(1979.3)
平野
30戸151人(1956.4)
19戸109人(1979.3)
平久保
23戸108人(1956.4)
1戸5人(1979.3)
吉野
53戸254人(1956.3)
21戸72人(1979.3)
久宇良
明石
63戸319人(1955.4)
36戸151人(1979.3)
28戸166人(1954.6)
11戸27人(1979.3)
77戸358人(1954.6)
23戸80人(1979.3)
24戸86人(1954.6)
11戸32人(1979.3)
48戸228人(1953.6)
28戸99人(1979.3)
41戸199人(1954.6)
24戸81人(1979.3)
兼城
栄
勝連
10戸63人(1951.6)
1戸4人(1979.3)
多良間
下地
野底マーペ
282m
18戸79人(1954.6)
7戸23人(1979.3)
伊土名
川平湾
川平
伊野田
30戸138人(1951.10)
22戸97人(1979.3)
崎枝
吉原
米原
27戸131人(1952.8)
17戸52人(1979.3)
星野
23戸105人(1950.3)
29戸122人(1979.3)
於茂登岳
526m
大里
20戸116人(1953.3)
18戸93人(1979.3)
名蔵湾
開南
石垣市
宮良
平得
宮良湾
竹富島

野底の兼城《かねしろ》は、戦後、政府の計画移民によってつくられた部落だ。すぐ目の前に野底マーペ（山）が見える。野底マーペには、黒島から強制移住させられた娘が、別れ別れになってしまった恋人を想い慕って朝晩山に登り、黒島の方を眺めて泣いていたが、足繁く通ったのでついに岩石になってしまった、という伝説がある。野底マーペは黒島の方を向いた乙女の姿をしている。

兼城は、数年前来た時と同じようにバス停の側に一軒の雑貨屋があった。雑貨屋の向かいの家は確か区長をしていた宮城調三郎さんの家だが戸閉めされている。その向こうでは、ブルドーザーが赤い土を掘り返し道路工事をしていた。バスの時刻表を見ると、兼城を通るバスは、東廻りと西廻りそれぞれ三本ずつしかない。帰りのバスの時間を確かめて、雑貨屋のガラス戸を開け声をかけると、背の低いおじさんと背の高いおばさんが二人して現われた。泡盛が十数本、あとは歯みがき粉や歯ブラシや、アメ玉などが数えるほど、すすけたガラスのケースの中におさまっている。その側に、不つりあいなほど大きな真新しい冷蔵庫が前来た時にはあったのだが、どこかへ移されている。おばさんは戦前はフィリピンへ出稼ぎに行っていた人だ。現在は誰が区長をしているのか尋ねると、斜め裏の山城さんだという。山城シズさんには会ったことがある。

さっそく訪ねると、シズさんは前回の訪問をおぼえていてくれた。シズさんは、「農民がまともな暮らしをしようと思ったら人より少しでも早く起きて、働くしかない」とやや険しい表情で語っていたのだが、久しぶりの対面のせいか、あるいは生活に多少ともゆとりがでてきたためなのか、おっとりと茶やみかんでもてなしてくれ、家の周りの自家用の蔬菜《そさい》畑を見せてくれる。

「この下は岩盤なんだけれど、父さんがトラックで三、四回も土を運んでくれてねぇ」

などといいながら。

兼城へ開拓団が入ったのは一九五四（昭和二九）年六月だ。コザ、那覇《なは》、糸満《いとまん》、具志頭《ぐしかみ》、具志川《ぐしかわ》、東風平《こちんだ》、与那原《よなばる》、大里《おおさと》、西原《にしはら》、今帰仁《なきじん》、大宜味《おおぎみ》、地元宮良《みやら》から二八世帯、一六六名の入植である。

「私たちがはじめて兼城へ来た日も雨が降ってて、伊原間までトラックで来たさ。それから子どもを背負って雨ん中歩って、道だって草におおわれて、ちょっと人が歩った跡があるだけのジャングルなんだもの」

折からの雨で、男たちだけがサトウキビの伐採に行き、女たちは暇をもらった、といって新垣キヨさん（六二歳）、野里とよさん（四八歳）もお茶を飲みに来ておしゃべりが始まった。

戦後の石垣、西表島への移民計画は、米軍によって土地を奪われた農民対策として、また、敗戦後の外地引揚者等による人口増加と食糧問題の解決策として打ち出された。一九四八（昭和二三）年一月に琉球米穀生産土地開拓庁が開設され、翌年一一月に最初の開拓団が宮古島から住吉へ入植し、以来、一九五七（昭和三二）年六月のおもと団入植まで、石垣、西表島あわせて二二の開拓団が入植した。出身地は宮古、沖縄本島北部、中部が中心である。特に沖縄本島中部は約四四パーセントが米軍軍用地とされ、そのため、耕地が六一パーセントも減少した。心血そそいで耕してきた土地を奪われた農民が他の土地へ移らざるを得なかったのである。農民の立場からすれば、米軍の軍用地指定は、琉球王朝時代の〝道切り〟となんら変わりない。かつて人びとが道切りによって島を去らなければならなかったのとまったく同様に、戦後、米軍に農地を接収された農民は、知らない土地、しかも、手の施《ほどこ》しようもないほどの荒地で自らの生活の第一歩を始めなければならなかった。

それでもシズさんらは、まだ米軍から土地代金をもらってきた人はよかったという。日米戦で激戦地となった沖縄は土地が荒廃し、戦後は米軍の統治下に置かれて、貧困は恒常的なものであった。シズさんらは北部の大宣味村出身である。

「険しい山ばっかりのところさー。耕す土地がなくて男たちは山仕事に出るけど、とても生活していけなかった」

次男三男は都会に出ても思うような職は得られず、売り払うものさえなく政府の移民募集のビラにひきつけられてきたのだという。

政府が計画移民に対して行なった施策は、開拓地にあらかじめ先遣隊を派遣するのだが、その合宿所を後に開拓団に払い下げる、開墾助成金の交付、住宅建設資金の補助、一戸あたり一町五反歩（約一・四九ヘクタール）の土地の払下げ、政府税の免税等であった。琉球王朝時代に行なわれた寄《よせ》人《びと》政策とさして変わらない。いや、むしろ後退しているのではないかとも思われる。琉球王府は寄人に対し、宅地、住家、田畑の無償給与、衣服調製費や食糧として、米一人一日五合を三ヵ月間給与、五ヵ年間人頭税無税、鋤《すき》、鍬《くわ》、鎌《かま》、斧《おの》、山刀《やまがたな》等農具の給与、鋤牛一頭、農耕馬一頭を給与している。ただし、寄人政策では帰村や住居の自由は許されていなかった。この点は大きな違いだ。

兼城だけではなく、どこの開拓団でも先遣隊として男たちだけが入った。男たちは合宿所で共同生活をしながら家族を迎える準備をしたのである。六ヵ月後に家族を呼びよせたが、政府計画移民とは名ばかりで、道路もない、家も充分でない、水もない、電気もない、食べるものもない。シズさんの夫は大工をしていたから、他の大工出身者と三、四人で、開拓地の家を建てた。食糧は、開墾《かいこん》しながらたきぎをとって町へ売りに行き、その代金でそうめんを買った。くる日もくる日もそうめんばかり食べた。

入植するとすぐに二反歩（約一九・八アール）の土地が粗分けされ、まず、陸稲と落花生を植えた。だが収穫の時期になって、ようやく翌年の食糧が確保できるという人々の期待を裏切って、作物は予定の一割しか収穫できなかった。猪《いのしし》が荒らしてしまうのである。水は山の麓の湧水を使った。水汲みは開墾の激しい労働で疲れた女たちの体力をさらに奪った。シズさんは旱魃《かんばつ》の年に次男が生まれ、海におむつを洗いに行った、といまでは笑い話にしていう。四軒にひとつの割合で簡易水道が引けたのはそれからしばらくたってからである。

兼城の現在の戸数は一〇戸、入植時の約三分の一に減った。

女たちはいう。

「もう部落を出て行く者はみんな出て行ったさー。もうあたしら年とってしまって他の土地へ行って新しい仕事を探すなんてことできないもの。子どもたちもみんな出て行ったけれど、いまここに残った人は死ぬまでこの土地に残るんじゃないかしらね」

新しい村造りの神はいるか

石垣、西表島の入植地の戸数の推移をみてみると、一九六六（昭和四一）年までは一部落を除いては入植時とほとんど変わらない数字を示している。ところが一九七一（昭和四六）年には、入植時に七六三戸あった戸数は五四八戸に激減している。さらに一九七六（昭和五一）年には三八八戸、約半数になってしまった。道路もできていない、電気も水道も引けてない状態で未開の地を開墾する、もちろん耕作機械もない、いわば原始生活に近い状況にあった最初の数年間には脱落者がでていないのに、原野が開墾され、生活の便も次第に向上し始めた時、人びとはどうして血のにじむような思いで開拓してきた土地を去り始めたのだろう。

直接のきっかけになったのは一九七一（昭和四六）年の半年以上も続いた旱魃と、その直後に襲った大型台風二八号ベスである。さらにドル・ショックが追い討ちをかけた。沖縄復帰はその翌年である。観光バスの窓から見えたのは、旱魃と、大型台風が荒らした戦後の新村興亡跡だったのである。旱魃と台風とドル・ショックのトリプル・パンチを受けた開拓地に、復帰と前後して本土資本の手が伸び、列島改造の土地ブームがいち早く南の果ての石垣島まで持ち込まれたのである。移住民が二〇年かかって開拓した土地は本土資本の手に渡り、だが、土地転がしで利を得ようとする所有者の目的のため、農地でなくなった開拓地は、草が茫々と生え、原野に還ろうとしていたのである。

兼城へ向かうバスの中で、星野付近からは中学生が、伊原間《いばるま》からは小学生が、明石では保育園児が乗って来、中学生は伊原間で、小学生は明石で、保育園児は平久保で降りて行った。南の島の清々《すがすが》しい子どもたちの姿と、激しく流れ変わる雲の動きを眺めやりながら、こんな詩を想い起こした。

きびがだめになったので
おとうさんが本土にはたらきに行ってしまったので
とてもとてもさびしくなりました。
いつも
大声を出してさわいだり
すもうをとったりしていたが
そんなことをする人もいなくなりました。
こちらもさむくなったから
本土では
ゆきがふってとてもさむいだろうな。
おとうさんだいじょうぶかな
とてもさむいだろうな

でもおとうさんの手がみでは
いつも
「元気です」と書いてあるとおかあさんがいいます。
でもおかあさんはおとうさんの手がみがくるとき
いつもないています。
だから、
おかあさんもかわいそうです。

これは旱魃と台風のあった年に書かれた伊野田《いのだ》小二年たましろなおき君の「でかせぎにいったおとうさん」と題のついた詩だ。たましろなおき君はまだ開拓地にいるだろうか。でかせぎにいったおとうさんは、開拓地にもどって農業をしているだろうか。おかあさんはおとうさんの手紙で泣くことはなくなったであろうか。

兼城のバス停の前の雑貨屋の向かいの、以前区長をしていた宮城調三郎さんは、石垣市内に出ていまでは時どき帰ってくるだけだという。数年前来た時は、旱魃と台風にすっかり打ちのめされ、農業を続ける意志を失って失対事業に出ていた。奥さんが、驟雨《しゅうう》を避けて雨戸を締めた薄暗い家の中で、若い頃、それなりに夢を抱いて開拓団に加わった当時の話などをしてくれたことがあったのである。

のどかでやさしい表情の山羊に、宮城さんはしょんぼりと肩を落としてエサをやっていた。

移民計画は戦後の食糧不足の解決策としてうち出されたのであるが、食糧事情が緩和されはじめると、開拓地の多くの農家が換金作物であるサトウキビやパインを植えつけるようになった。特にパインは一九五五（昭和三〇）年頃にはブームを呼んで一部の農家をうるおしたこともあったが、一歩出遅れた農家が収穫を待つ頃にはブームは去っていた。サトウキビは一九六三（昭和三八）年に砂糖の輸入が自由化されて以来、生産価格は横ばいの状態である。旱魃と台風が確かに開拓地破壊のきっかけになったのであるが、肥料や農機具や生活費があがる一方なのに、生産価格が十数年間も変わらないという状況が、開拓農家に将来の展望を持たせなかったのである。

旱魃と台風で疲弊した開拓農家から男たちは都会へ出稼ぎに行った。いや、入植した当時から出稼ぎが日常化して、出稼ぎの合間に開墾せざるをえなかった人もいる。

石垣島の北に細く突き出た平久保半島の先端の部落、平野《ひらの》で出遇った与世山清さん（四五歳）は出稼ぎの数々の体験を話してくれた。ボルネオ、サイパン、パラオ、横浜……。与世山さんは宮古の多良間島《たらまじま》出身だ。多良間島は周囲一六キロの小さな島で、晴れた日には平野からもその島影が見える。平野へは多良間島から一七世帯が入植している。与世山さんは少しばかりあった田畑を売り払い、新しい農業で財産を増やそうと開拓団に加わった。多良間島は血気さかんな年頃の男が働くには、あまりにも小さな島であったから。爪先ほどの土地も増やそうと働きづめに働いて世を去ったお爺の意志もあった。政府から払い下げられた一町五反の土地を一時は七町八反まで増したが、入植一〇年目に瞬間風速八五・三メートルという史上空前の大型台風コラの襲撃を受け、壊滅的な被害を受けた。出稼ぎは借金返済のためである。ボルネオやサイパンではお爺に習った海技が役立って海亀をとり、シャコ貝やタカセ貝やヒロセ貝をとり、魚を網に追い込んだ。海亀は剥製にして売られ、シャコ貝は貝柱をとり、タカセ貝やヒロセ貝はボタンの材料になった。パラオへはカツオ船に乗って行ったのである。石垣島は、鹿児島よりも沖縄よりも台湾に近い。ボルネオやサイパンやパラオは、石垣島からはさして遠くない。八重山の島々から出稼ぎする人の足は伝統的に北へよりも南に向かっていたのである。復帰後は横浜へ行った。鋳物工場に七ヵ月、石綿工場に三ヵ月、自動車工場に三ヵ月、最後のたった三ヵ月の出稼ぎの時六人の子どもを残して女房に逃げられた。決して儲かりはしない本土への出稼ぎは以来与世山さんにとっては禁忌《きんき》となった。

たった一軒になってしまった部落がある。吉野。石垣島を一周するバスに乗ってみると、市街地から伊原間にかけての島の東側は道路も舗装され、部落の様子も人々の営みが感じられるのだが、平久保半島、そして伊原間から吉野にかけての西側の一帯は道路の舗装も進まず、いたる所で廃屋が目につく。

吉野に最後まで残った仲座清光さん（六〇歳）によれば、東側の部落は自由移民が多く、平久保半島と西側は計画移民が多いせいだろうという。

開拓部落が急激な過疎化現象を辿るなかで、東側の大里と星野だけが入植時の戸数に大きな変動を見せずにいる。西側は山地が多く、平地が少ない。また山から吹きおろす風が強い等の気候風土上の条件もあるが、東側に比較的多い自由移民が、土地や家財を投げうって、帰るべき故郷も捨て、この地に骨を埋める覚悟できているのに対し、計画移民に応募した者は、もともと故郷に売るべき資財もなく、裸一貫できたのだから失敗してももともとという、開拓地に対する執着の仕方の違いだろうと仲座さんはいった。

だが、入植以来、開拓農民をとりまいていた状況は常に、人間のなまじっかな精神主義など、木端微塵《こっぱみじん》にうち砕き続けてきたのである。米国支配下の貧困財政に呻吟《しんぎん》していた琉球政府は、自由移民に対してはもちろん、計画移民に対しても、悪性マラリア地帯の原野に人々を放り込んだだけで、具体的な援助を施さずに復帰を迎えたのである。マラリアと、毎年繰り返される台風の襲撃のなかで、ようやく人々が原野を開き、小さな部落をつくった時、七ヵ月にわたる旱魃と大型台風がこの生まれて間もない〝村〟を打ちのめした。復帰と前後して土地は本土の不動産業者や観光資本の手に渡り、人々が開拓地を去った時、復帰特別措置法が施行され、その一環として開拓移住地区にも五ヵ年計画による施策が行なわれ始めた。

村が村として成立するギリギリのところまで過疎化してしまった開拓地に農道ができ、猪垣がはりめぐらされ、耕地整備が始められている。この出遅れた開拓政策のためにどれほど多くの農民が二十数年の労苦を報いられることなく開拓地を去らなければならなかったか。不道産業者に買い占められた土地は草茫々《くさぼうぼう》の態で放り出されている。都会への出稼ぎ者が増え、離農する者が開拓地を去り始めた時、人々は、入植してきたそのこと自体の是非を問い始めた。

「沖縄（沖縄本島）にいれば、いまごろはもっと楽な暮らしができたのではなかったか。二十数年の労苦がまったく無駄だったのではなかったか」と。

仲座さんは最近サトウキビ畑に牧草を植え替えた。

吉野の土地はいま多くは「浪速冷凍」のものになっているが、仲座さんは吉野を去って行く人びとの借金を肩代りし、少しずつ土地を増やした。牧草は東京に本社を持つ飼料会社に売るのである。

吉野開拓団は西表島の古見に一度は入植したが、水不足や土質が悪いため石垣島へ再入植した人々によって編成されていた。仲座さんは八歳の時に糸満の漁師に売られ、戦争を経て三五歳の時に古見に入植した。以来、六人の子どもが生命をつないでいくだけの食糧を確保することに必死であった。いま、最後までしがみついた吉野で、ひと儲けしようと思っている。石垣島は北海道に比べれば、牧草の伸びも早く、年間を通して収穫できる。乾燥機や圧縮機等機械化して、将来は会社組織にしたいと考えている。

美しい海を見下ろす広々とした牧草地で仲座さんは将来の夢を語りながら貝塚を案内してくれた。

仲座さんの畑からタカセ貝やシャコ貝等の貝殻が無数に出て、骨壺らしいものも見つけたという。その他に赤い土器のかけら、こんもりとした小密林の向こうには人骨がたくさんでてくる小高い丘がある。仲座さんらが部落をつくる幾世紀も前に、同じ場所に人々は集落をつくっていたのである。その集落は寄人政策によってつくられた新村よりも、さらに十数世紀も前の、神々が跳梁《ちょうりょう》していた時代のものであっただろう。

兼城の女たちは「私たちが死んじゃえばこの部落はなくなってしまうのかね、なんだか淋しいね」といっていた。

はじめに入植してきた人びとは、いま子どもたちを育てあげ、初老の年代に入っている。兼城の女たちがいうように、若い人が開拓地を去り、開拓一世が年老いた時、戦後たてられた新村は、また、廃村の歴史をくり返すのだろうか。

現在、兼城には若い夫婦が二組存在している。

石垣島の糸満女

糸満から石垣島へ

石垣港の近くにある漁村が、沖縄本島の糸満から来た人びとで成り立っていることは、以前、石垣島を訪れた時にも聞いていた。かつては貧しい家の少年は糸満の漁家に売られ、成長して一人前の漁師になると、沖縄のあちこちの離島へ、あるいは台湾、フィリピン、ボルネオなどの南洋の島々、遠くはキューバまでも進出して行った。糸満出身の漁師とその家族によって作られる集落は、俗に〝糸満部落〟と呼ばれるのだが、石垣港の近くの漁村もそのひとつである。

「明治十五年（一八八二）沖縄本島から親子二人の糸満漁民が初めて八重山に渡来し、石垣一番地の太田氏宅に間借りし、魚をヤスでつき取って生活していた。糸満漁民渡来の第一号であったと思われる」

牧野清著『新八重山歴史』（一九七二年）は糸満の漁師がはじめて石垣島へ渡って来た様子をこのように記している。石垣島は沖縄本島から南西へ約四〇〇キロ、一般に〝八重山〟とも呼び慣らわされている。糸満漁師の親子が小さなサバニを繰って、遠い海をはるばる渡ってきたことを想うと驚嘆させられるが、三日月形のサバニは潮の流れに対して抵抗が少なく波にのりやすい構造なのだという。

『新八重山歴史』は石垣島の糸満部落の成り立ちにも触れている。

「明治二十年頃、更に親子三人連れの糸満民が、新川《あらかわ》仲本氏宅に借家し、沖縄から持って来たくり舟一隻で沿岸漁業を始めた。その後、続々と糸満漁民が移住し、登野城《とのしろ》・石垣・新川の海岸近くに家を建てて住み、小部落を形成してくり舟漁業を営んだ。俗に登野城を東小屋《あがりぐや》、石垣を中小屋《なかぐや》、新川を西小屋《いりぐや》とよんだ」

現在、糸満部落が残っているのは登野城と新川の二ヵ所である。かつて中小屋と呼ばれた石垣の糸満部落は、石垣港に沖縄本島や八重山の他の島々との連絡船が頻繁に出入りするようになるにつれ、漁港としての機能を弱め、消滅していった。今は、その周辺はみやげもの店や民宿やホテルが林立して、観光シーズンには本土から来た若者たちで賑わう。

金城ナビさん（七七歳）は東小屋、つまり登野城の糸満部落に戦前から住んでいる。

「おばあちゃんたちが若い頃は、ずーっとこの家の前まで海だったさ。サバニも家の前に横づけにしてね。埋立てでね、戦世《いくさゆー》にならんうちから部落衆は屋敷を大きくなさっているよ」

ナビさんの記憶の底にある登野城の海岸には大きな木があった。その海岸は埋め立てられ、漁師の多くは海際の埋立地に移った。かつての東小屋は現在の海岸からだいぶ奥に入り、糸満部落の面影をわずかに偲ばせる赤瓦の家も持主が変わったり、貸家になったりしている。

ナビさんは、海の女はこうした人が多いのではないだろうか、と思わせる言葉の荒い、けれど、気持の暖かそうなおばあさんだ。陽に焼けた眉間の深い皺と、深い眼窩《がんか》が気性の強さをうかがわせる。

「糸満女は一生懸命働くよ、お金貯めるために」

潮に洗われたしわがれ声でナビさんはこういった。そして、こうもいった。

「糸満女は強いさ。自分のお金持っているから」

沖縄本島の糸満の娘たちは、一五、六歳になれば親や兄弟が獲《と》ってきた魚をその日の相場で買い、那覇や、近くの村や町へ行って売り歩いた。得た利益は嫁《とつ》ぐ日まで貯めておき、持参金にした。結婚してからも、夫から魚を買って売り、やはり利益は自分の懐《ふところ》に入れたのである。妻の財産が夫のそれにくみ入れられるのは、子どもたちが長じて一人前の漁師になり、その中の一人が家計をひき継ぐ見込みがたった時だ。それまでは妻は独自の財産を持ち、離縁するような時にはその財産を持ち帰ったのである。夫婦や親子の間で別々の財布を持っているのは家族の結びつきが一見疎遠であるかのようだが、むしろ、板子一枚下は地獄という海に生きる漁師の、家族に対する思いやりであり、そして不測の事態に備えての妻や娘たちの気構えの表れなのであった。

ナビさんが糸満から石垣島へ来たのは一〇歳の時。それ以前、両親はナビさんを糸満の祖母のもとに残して石垣島へ出稼ぎしていた。石垣島での生活の目処《めど》がたち、弟妹が生まれ、子守りする者が必要になって、ナビさんが呼ばれたのである。

ナビさんは男五人、女五人の一〇人兄妹の上から三番目だ。

「うちたちの時分は学校行く人いなかった。学校は出ない。子守りしたあとは、お父さんが魚たくさんとってきたら、お母さんが、この魚はいくらいくらで売って来いよ、っていわれて売りに行った」

ナビさんは姉とともに魚を売りに行った。母が藁《わら》に魚を通して手に提《さ》げられるようにしてくれた。それを両手に持って市場へ出かけた。ナビさんは姉と相談して、母が「五銭で売っていいよ」といった魚を七銭で売った。それでも市場では他の人より安いといわれてよく売れた。すでにその頃から商売のコツを身につけはじめていたわけだ。魚を売って家に帰ると、母が五銭から一〇銭、駄賃をくれた。駄賃と自分で儲けた分を一緒にして、布を貼った小箱に大切に貯めておいた。けれど小遣いはほとんど使いはしない。使い道を知らなかったのだ。しばらく貯めて額がまとまると母に渡した。そうすると母にほめられる、それが嬉しかった。一二、三歳になると、ナビさんはもう充分一人前の働き手だった。魚を売り、たきぎをとりに行き、米を搗《つ》いた。昔は米は籾《もみ》のまま保存して使う度に臼《うす》で搗《つ》き、精米した。沖縄では常食は甘藷《かんしょ》(サツマイモ)だったから、米搗きはハレの日の心浮き立つ仕事であった。

海を生き抜く糸満女たち

「モグリもしたよ。サザエをとったり、魚も網でとった。この登野城の女はみんなモグリもしたさ。糸満ではでききらん。海が深い。八重山はね、浅い所もある。だからできるさ」

糸満漁師の漁法は、追込み漁法という独特のものだ。親船を中心に、三〇隻ぐらいのサバニが遠巻きにして網を張る。そして、漁師たちは水中眼鏡をかけて海底にもぐり、珊瑚礁《さんごしょう》の岩穴にひそんでいる魚を網の中に追い込み、網をせばめて親船にすくいあげるのである。

糸満では海が深く、漁師は沖に出て追込み漁をしたために、女たちが漁師とともに船に乗ることはまずなかった。けれど、石垣島では登野城付近の海が浅いため、女たちはサザエやナソーラ（海人草《かいじんそう》）、あるいはテングサなどをとり、そのうちにモグリも覚えて漁師と一緒に追込み漁もした。

「これをしたのは一七、八。結婚しないまで。（結婚したら自分の）だんなさんが許さないさ」

娘時代には漁師たちとともに海にもぐった登野城の糸満女性も、結婚してからは追込み漁へ行かないようになる。古い糸満町史にこんな一文があった。

「彼等には貞操者多くして早婚野合の者なく、かつ子を生みし者にありては、死別、離縁を問わず、再婚する者少なく、終身貞操を守りて寡婦なるを常軌とし、特に未出産の婦人においては、その乳房を大切にすること一方ならずして、決して、これを他人に見せず、また見せるを大恥とする」

糸満女性の貞操が堅いことは、独立経済制とともによく語られる。男たちに混っての追込み漁を結婚後はひかえた。

ナビさんは二二歳で結婚した。夫は同じ糸満部落の漁師で、両親が決めてくれた。ナビさんは着物二、三枚を頭にのせて、それだけで夫のもとへ行った。

糸満漁師の結婚は多くの場合、女性の方が二、三歳年上である。男たちが漁に出ている間、女たちだけで何事もきりもりしなければならない。そのために家庭的にも社会的にも未熟な若い者より、年長者の方がよいと考えられていたのだ。

家庭内では主導権を持ち、経済的にも夫から独立し、それでも糸満女性は謙虚で、家庭は嬶《かかあ》天下にはならなかったという。小さなサバニを頼りに海に出て行く夫が、家に気がかりなことがあっては手元が狂う。海で働く漁師にとって手元の狂いは命さえも落としかねない。夫が漁へ出たあとの留守宅を気強く守り、身持ちを堅くして待っているのも、身体を張って海で働く夫と共に生きる女たちの心構えであった。こうした糸満部落の習慣は、海の荒波に身を晒《さら》してきた人びとが長い間に培《つちか》ったものだ。


糸満女性が魚を売り歩くのはだいたい夕方である。人びとの夕餉《ゆうげ》の食卓に間に合うように漁師は海から帰ってきた。女たちは、沖合いに漁を終えたサバニを見つけると、漁師が浜にあがってくるのももどかしく、着物を着たまま我れ先に海に飛び込んで行った。バシャバシャと飛沫《ひまつ》をあげ、足が立たなくなると、バーキ（ザル）を頭にのせてサバニ目がけて泳いだ。暑い南の島では、魚の鮮度はみるみるうちに落ちてしまう。一刻も早く魚を仕入れようと、女たちはサバニにのりすがり、またがり、バーキに魚をいっぱい積んだ。

「他所の人から魚仕入れる人はサバニにのり込んで、またがって、ひとつもゆずらないよ。とるだけとったら自分のものだから。たまには舟も沈没するくらいに女がのりすがって……。九人も一〇人ものり込んだから舟も沈没したよ」

家族の者から魚を仕入れる女たちはそれほどではなかったが、男手の少ない家の女たちの競争は激しいものであった。

魚をバーキに積むと、それを頭にのせ、海水にぬれた着物のままで雫《しずく》を落としながら裸足で駈け出して行き、夕暮れの村や町に声をかけた。「イユ、コンソーラニー（魚買いませんか）」

糸満女性は腰にキリリときつく縄を締めていたが、そうすると、頭に重いバーキをのせても力が入ったからだ。バーキには六〇〜七〇斤《きん》（三六〜四二キログラム）の魚を入れた。いまでも時々、金盥《かなだらい》などを頭にのせた糸満女性を見かけることがあるが、ナビさんが魚を売り歩いた時は、水がたれるのを防ぐため、丸い盆にバーキを重ねて、頭にのせていた。

沖縄では魚の干物はほとんど作られなかった。鮮魚がいつでも手に入ったからだろう。糸満女性が持ち歩いたのは常に鮮魚であった。糸満女性が魚を入れたバーキを頭にのせ、いつも駈けるようにして村や町をまわっていたのは、魚の鮮度が落ちないうちに売るためであり、他人より先にまわれば売りやすかったからであり、また、歩くより、早く駈けた方が魚の重量が軽く感じられたからだとナビさんはいった。

糸満出身のあるおばあさんは、こんな話をした。

「昔の糸満女は一〇〇斤くらいも頭にのせて、乗り物にも乗らないで那覇の市場によく行きよった。糸満から那覇まで二里（八キロ）ありますからね。また、那覇から首里まで一里あるからよ。ウチなんかが女学校時代下宿していた首里までも売りに来ました。田舎の畑仕事をしている男でも魚売りに糸満女が来たら道をよけおったって。糸満女がくるよ、といってね。それくらい糸満女は男まさりというか、器量が強いわけですね」

冷凍庫ができた近頃では大漁であっても魚の値段は下がることはない。冷凍庫はおろか、氷も手に入らなかった時代、仕入れた魚を翌日に持ち越すことはできなかった。鮮度が落ちないうちに売ればそれ相当の値で売れたが、売れ残って生きが悪くなった魚は原価を割ることもある。どうしても売れない魚はかまぼこにしたが、儲《もう》けの幅はグンと減った。糸満女性の器量、きっぷのよさは、このように魚を一刻を争って売り歩く日々の積み重ねの中から培《つちか》われたものだ。

「いまはきれいな姿をしてね、靴はいてね、白粉ぐゎもつけて行くよ。いまの人はべっぴんさんから魚買うってね。きれいにして行かんと買う人はおらないって」

陽に焼けた顔に白い歯を見せて、ニッと笑ってナビさんは近頃の魚売りを称した。

「昔の市場は雨が降ってもザラザラにぬれてね。手拭《てぬぐ》いかぶって、着物もぬれても魚売る。いまの市場は上等になってる」

結婚生活は短いものであった。ナビさんが二八歳の時、夫は病死した。夫とともに暮らした生活よりも、残された二人の子どもを育てるため必死に働いた記憶の方がナビさんには重い。夫を亡くした糸満女性の多くがそうであるように、ナビさんは再婚はしなかった。子どもはまだ小さかった。

「うちはなんでもやったさ」

魚売り、農業、米の売買、餅《もち》づくり、豆腐づくり、豚の売買、豚の皮剥《かわは》ぎ、ヤミ米売り、産婆《さんば》……。

魚は市場で売ったこともある。町中《まちなか》の料亭や旅館へ持って行ったこともある。農家をまわって米や大豆、甘藷《かんしょ》などと交換したこともある。

市場に出ている時、台湾人が時どき魚を買いに来た。

「タイワナー（台湾人）はね、秤《はかり》の斤目《きんめ》ね、ひと目盛でも足りなかったらその後絶対来ない。肉もね、斤目が不足だったら、家へ帰ってからでも、また持って来るよ」

当時は日常の重量の単位に〝斤〟を使っていたが、おおらかな気質の沖縄人《ウチナンチュー》に比べ、台湾人は几帳面な買物をするものだとナビさんは思った。戦前、日本が植民地支配した台湾と八重山の間には国境はなく、石垣島の名蔵《なぐら》や嵩田《たけだ》に大勢の台湾人が開拓移民として入植していた。また、パイン工場が台湾人によって設立され、パイン農場や工場で働く人びとも多数来ていたのである。

魚を売りに農家をまわる時はたいがい物々交換だ。当時の農家では現金収入がほとんどなかったからである。交換した米や粟やトゥムン（コゥリャン）や大豆が持ちきれない時は、市場へ通う馬車があったので、馬車引きに頼んでおくと、間違いなく運ばれていた。魚と交換した米は、少しは自家用にしたが、金持ちの家へ持って行って現金化する。大豆はそのままでは売りにくかったから豆腐を作って売り、トゥムンは餅にして売った。トゥムン餅《ムーチー》は砂糖と染粉を入れて作る甘い赤餅だ。豆腐作りは糸満女性がしばしば魚売りと兼業する仕事である。豆腐を作る時には午前一時には起きて大豆を炊き、できあがると朝の市場へ売りに行った。昼頃までには豆腐がほぼ売り切れるから午後からは魚売りに出かけた。

米の売買や豆腐作り、餅作りなどは、いわば魚売りと関連した糸満女性の仕事の範疇《はんちゅう》である。農家で売りに出したい豚を集めて市場へ持っていって売るのも、農村と市場を往復しているうちに自然に身についた仕事だった。こうした様々な仕事をナビさんは子どもを育てながらした。次男が小さかった頃は長男の背中に帯でくくりつけ、芋や握り飯をあてがって仕事に出た。その長男は少し大きくなると、芋や飯を炊いてナビさんの帰りを待っていた。

「近所の人の世話になって子どもは大きくなってるさ」

女手ひとつのつつましい暮らしの中で、子どもたちに米を食べさせられたことはナビさんのいくぶんかの慰めである。戦前までの沖縄ではめったに米など食べられなかった。けれど、魚と交換に米を入手できた糸満部落では比較的多く米を食べたのである。また、戦争が激しくなって、農民が作った米が供出米となり、入手が困難になってからも、ナビさんは豆腐を軍におさめていたので、時々は米も軍から手に入った。激戦地となった沖縄の人びとは誰もが想像を絶する食糧難を経験した。そうした中で二人の子どもにたいして空腹を感じさせずにすんだことも慰めになる。沖縄戦が口に日にその激しさを増し、米軍機が毎日のように石垣上空を飛び交うようになると、住民は山に避難した。一四歳だった次男はそこでマラリアにかかって絶命した。石垣島は米軍が上陸した沖縄本島ほどの凄《すさ》まじい戦禍《せんか》を蒙《こうむ》ることはなかったが、戦災を避けて入った山中の多くはマラリア発生地帯で、約二〇〇〇人もの人がマラリアで生命を奪われている。

近所の人びとに頼まれて産婆役を引き受けるようになったのは、娘の頃、母の出産を手伝ったことがきっかけだった。九番目の妹と一〇番目の弟が生まれる時、母にいわれる通りに立ち働いたのだ。その二回の経験があったので、近所にお産がある度に手伝いに行くようになり、赤ん坊をとりあげる方法を身につけたのだ。

「もう夜遅くて産婆も探せない、いま子どもが生まれるからどうか来てください」

夜半過ぎ、突然戸を叩く音に起こされて外に出てみると、有無をいわせず着物をひっぱるように産婦の家に連れて行かれた。すると、もうすでに股の間から赤ん坊の頭が出ていることもある。大急ぎで湯を沸かさせ、ナビさんは子をとりあげた。臍《へそ》の緒を麻糸でくくって、赤ん坊を湯浴みさせて明け方帰ってくると、朝の光が清々《すがすが》しかった。無事に生まれてくる子の初声《うぶごえ》を聞くのは何度経験してもよいものだ。

石垣島には戦前、産婦人科の病院が一軒あった。正式な免状を持った産婆も三、四人いたが、ナビさんのところに頼みに来たのは、診察料を払えない貧しい人ばかりだ。ナビさんは裕福な家の産婦には手を触れない。「産婆にニラマレル」という。専業の産婆の仕事を横どりする気はなかった。それよりも何よりも、産婆役は診察料をあてにしてする仕事だとは思っていなかった。産婆役の他にもナビさんはいろいろな民間療法を心得ている。貧しい産婦の出産を助け、病気になっても医者にかかれない人びとに治療法を教えて喜ばれることがうれしかった。自分の二人の子が近所の人たちの親切で大きくなったのだから、自分ができることを他人にしてあげるのはあたり前だと思っていた。

戦後、息子が一人前の漁師になった時、ナビさんは、少女時代父や兄たちと竹富島へ行ったように与那国島や宮古島へ行った。漁師とともに海を渡って他の島へ行く時の女たちの仕事は炊事係や魚売りである。海岸に浜家《はまやー》と呼ばれた仮小屋を建て、そこを根拠地にした。男たちが漁に出ている間、女たちは食事を作り、獲れた魚を農家へ持って行った。そして、芋や味噌などと交換し、持ち帰って来たのだ。

小さなサバニに身を任せ、海流に乗ってどこまでも追込み漁に出かけて行ったのは糸満漁師の伝統である。そして、漁師たちとともに女たちもまた、見知らぬ島々へ渡って行った。そうした人々が根をおろした糸満部落が現在でも沖縄のあちこちに残っている。

「貧乏に暮らしておるから何でもやった」

魚売り、米や豚の売買、豆腐や餅作り等々、いくつもの仕事をしたのは、そうしなければ女手ひとつで二人の子を育てあげられなかったからだが、それができたのは、ナビさんの個性であると同時に、少女時代から糸満女性として培ってきた力に、大きくよっているに違いない。

観光で生きるかつての餓死島・竹富

星砂のきらめく餓死《ガス》タカリの島

石垣港からポンポン船で、いや、ポンポン船がどんな船なのか、実は知らないのだが、なんとなくポンポン船という船があるなら、あんな船だろう、と思われる小さな船で竹富島に渡った。まだ若かった頃の一人旅、学生時代の先輩の、少しは名が売れ始めたカメラマン推賞の中古カメラをぶら下げていたことがきっかけで、カメラマン志望だという島の青年が声をかけてきた。

青年は、石垣島育ちだが、夏休みを利用して大阪から来たという友人を案内して竹富島へ向かうところであった。ついでにこちらもそれとなくついてまわって、一人旅は三人連れとなり、島で一番高いという見晴らし台や、真宗の僧侶、上勢頭亨《うえせどとおる》氏が蒐集した古い生活具や農具、石器、古銭、遊具など、おそらく竹富島に関係するものであれば何でも集めたのであろうと思われる、ありとあらゆるものが展示してある喜宝院《きほういん》などへ、日除けの帽子なしでは五分と歩けないような炎天下、テクテクと、周囲わずか約九キロの島の中をまわったのである。

そのほかにも西塘《にしとう》お嶽《たき》や世持《ゆむち》お嶽やみろく奉安殿など、観光案内書に紹介されている、いわゆる名所旧跡の類はあったのだが、それは後になって何度か通ううちに知ったこと、その時はジリジリと焼けつく太陽にボーッとするほどしたたかに脳天を焼かれ、亜熱帯植物群の中の細い道を抜けて浜に出た時には、生き返った思いであった。

浜は広く、遠浅の海は視界の果てまでふりそそぐ陽の光に白く輝いていた。無限に繰り返される光の乱反射のためか、水平線は空と交わり、空も海も、さらにいっそう光の反射を繰り返す。

どこまでも続く遠浅の海に、まばらな人影は、ポール・デルボーの絵のように静かに動いていた。海は実際、どれほど行っても浅く、泳げる水位に達するまでには、大分歩かなければならない。島の青年は、シュノーケルと水中眼鏡を貸してくれて、海の中を見ろという。大きな水中眼鏡で見ると、東京でならさしずめ銀行やデパートなどに、観賞用にしつらえられたサーモスタット付きの水槽の中でいささかすまして尾鰭《おひれ》をヒラヒラさせている、極彩色の魚たちが陸からの闖入者《ちんにゅうしゃ》に、我関《われかん》せずといった態で逃げもせず、ゆったりと泳いでいるのである。南の島々を紹介する時によく使われる観光キャンペーン〝楽園〟は、極彩色の魚たちの棲む世界に関する限り、決して誇大広告ではない。

浅い海につかったまま、星の形の砂をすくうと、夕方の、茜色《あかねいろ》を帯びた光線のためか、金色にきらめいて、南の島の晩夏の思い出の最後の仕上げとなった。

二度目に竹富島を訪れたのは、それから何年後のことだろう。

石垣などに生えているピヤシという香辛料に使われる赤い唐がらしのような実を探しながら歩いていると、一人のおばあさんに会った。東里《あがりざと》カマドさん（八四歳）である。カマドさんは、石垣に生えている豆のようなものを採っていた。

白い花の咲くその実は、ヒンズ豆だという。ヒンズ豆は石垣を伝わって伸びる蔓《つる》にサヤえんどうのようなサヤをつけてなっていた。カマドさんはヒンズ豆で蒸し菓子を作るのだといった。アク出しをしてからやわらかくなるまで煮たヒンズ豆をつぶし、砂糖、デンプン、メリケン粉と混ぜてバットの中に入れて蒸しあげると、おいしい蒸し菓子ができるのだそうだ。

「むかしはこの島は餓死《がし》島といわれたサ」

ヒンズ豆を採りながらカマドさんはいった。山も川もない竹富島の人々が、毎年やって来る台風よりもさらに怖れていたのが旱魃《かんばつ》である。何日も何日も日照りが続いて畑の作物はもちろん、野の草木さえも枯死していく中で、ヒンズ豆は荒地や石垣に最後まで残っている。カマドさんによれば、旱魃の時には竹富の人々は、雨雲ひとつ出ない日が続く炎天下、しぶとく実をつけていたこのヒンズ豆で飢えをしのいだのだといった。

一、二年後、カマドさんにもう一度あいたいと訪ねた折には、風邪をひいて伏せっておられた。再び訪ねたのは、若い頃、水に恵まれない竹富島では米は穫れないから、西表島まで小舟で行って、山から木を伐り出し、田小屋を作って何日も泊まり込み、田を耕した、と語っていた、その話をもっと詳しく聞きたいと思ったからだ。人頭税時代、米のできない島にまで貢納品として米が課され、そうした島々では、八重山で一番大きな西表島まで行って稲作をしなければならなかった。おそらく竹富島もそのひとつで、カマドさんの、西表島に田小屋を作っての米作りは、人頭税時代の習慣をそのまま継いでいたのだったかもしれない。小さな島々から西表島に行って開墾した土地の多くはマラリア発生地で、生命を落とした人が決して少なくはなかったという。

〝ガスタカリ〟という言葉のあることを知ったのは、学生時代か、あるいは卒業して間もないころ読んだ詩人黒田喜夫の評論集『死にいたる飢餓』（国文社刊・一九六五年）においてである。詩人の生地、出羽村山地方の一角に、「あんにゃ」と呼ばれる男がいたそうだ。「他家に隷属・奉公している男、いま自分の耕地をもたず他人の土地を耕している男」、つまり、下男であり、作男であり、また、若いころ、下男奉公、年季作男奉公をした男が、名前に〝あんにゃ〟をつけて「××あんにゃ」と呼ばれるのだという。そして、この「あんにゃ」には時に、彼の人生を決定的に象徴する〝ガスタカリ〟という意味が加えられるという。

「それからおもむろに決定的な言葉が深い穴から立ちのぼってくるのだ――。あいつは、ガスタカリ野郎なんだ！　すなわち、ガスタカリとは、餓死タカリであり、飢餓病にかかった奴という意味である。彼は単に貧乏人であるのではない、ただ飢えた人間なのではない。彼は不治の飢餓病にとり憑《つ》かれた男だというのだ」

詩人の展開する思惟以上に、〝ガスタカリ〟と呼ばれた「あんにゃ」の存在、さらに不治の病であるという飢餓病そのものに私は戦慄した。

それからまた、岩手県和賀町の藤根というところで、凶作のことを〝ガス〟というのだと、ある老女から聞いた。〝ガス〟は〝餓死タカリ〟の餓死《ガス》に違いなく、北上山脈と奥羽山脈に挟まれたその辺一帯では、かつて凶作は人々の意識の中では死につながり、凶作をそのまま直截に餓死《ガス》といったのであろう。

凶作をそのまま餓死につらねて意識するのは、東北から遠く離れた沖縄でも変わらない。沖縄の人々もまた、凶作を餓死と呼ぶのである。

竹富島を〝餓死島〟と呼ぶその呼称は、凶作を餓死といういい方よりさらに絶望的な飢餓感から発せられている、と思われてならない。凶作にたびたび襲われる島というよりは凶作が恒常化した島、つまり、山形県村山地方流にいえば不治の飢餓病を負った〝ガスタカリ〟の島といった響きをもっている。

神々に身を寄せて生きる島びと

八、九年前にカメラマン志望の石垣島の青年に案内してもらった時にくらべると、竹富島はずいぶん変わった。はじめて行った時には、ポンポン船（?）で桟橋《さんばし》に着くと、そこからは、小型トラックの荷台に幅の狭い板のベンチが備えつけられた乗合バスで、部落まで運んでくれた。最近では、船の着く時間になると、何軒かの民宿や島内を案内するマイクロ・バスが迎えに来ている。そうしたバスの一台に乗って宿に着くと、迎え出た若者は東京弁である。若者は、竹富の海にもぐって以来虜《とりこ》になり、民宿で長期間アルバイトをしているのだといった。

はじめて来た時にも、「みんなの島です。きれいにしましょう」といった標示が白い道々につつましくたてられていて、なるほど島の中はチリひとつなく、小ざっぱりした印象で、観光で生きようとする島の人々の心遣いが感じられた。竹富島は民俗の宝庫といわれ、海岸の星砂もロマンを感じさせ、その時すでに観光の島として注目され始めていた。

その竹富に、夏ともなると、本土からの観光客、とくに若者たちがドッと押し寄せるようになったのは、沖縄の復帰後二年目に行なわれた海洋博以来のことである。民宿の数も増えて、観光客用のスナックや喫茶店も目につき、道を歩いていると、シーズン・オフなのに観光客を乗せて島内を巡る水牛の牛車に出くわしたりする。

大山貞雄商店と書かれた看板のある食料品店兼雑貨品店、むかし風にいえばよろず屋に入ったのは、牛乳か何かで渇いた喉を湿《しめ》すつもりであった。大山貞雄さんは一九〇四（明治三七）年生まれ、竹富で最初に旅館を開いた方である。

「わたしら若いころは全部漁業に出ました。また、冬になると農業してですね、野菜とか、芋とか作って……」

沖縄の蔬菜《そさい》作りに適した季節は秋から冬、春にかけてである。夏は葉物など植えてもことごとく虫に喰われてしまう。確か渡嘉敷島で、むかしから働き者で、身体を動かさずにはいられない年寄りが自家用に作っている野菜畑に、無数の黄蝶や白蝶が群れ飛んでいた。それは、都会暮らしの旅の者には美しい光景であったが、考えてみれば、蝶の数が多ければ多いほど、青虫も多いはずで、年寄りたちの丹精の野菜は、見れば虫喰いだらけだった。

大山さんの若かりしころの竹富は、半農半漁の島だったという。半農半漁といっても、農作物にしろ、海産物にしろ、島外に出すわけではなかった。

「むかしは帆船《ほぶね》ですね、帆を巻いて、向かい風の場合には櫓《ろ》を漕《こ》いだり、櫂《かい》を漕いだりで、石垣へ持って行くのもなかなかできないから、この部落でただ一緒に分けあって食べる、ということですよね」

若いころの大山老人らは、朝七時ごろには畑へ出かけて、一一時ごろまで野良仕事をしてくる。そして、一度は家に帰り、服を着替えて、歩いても五分か一〇分ほどの浜へおりて行って海にもぐる。海にもぐって銛《もり》で魚を突くのである。

「二時間、三時間もぐるとですね、熱帯魚の数々、蛸《たこ》とか、たくさん獲ってくるんですから、一軒では食べられないんです。隣近所みんな、〝生きているからあがってくれや〟いって分けて食べる。また、私が行かない場合、隣近所の方がくれる。野菜もです。野菜もできたら分けて食べるし、だから、ひとつの家族みたいにこの部落は生活していたですよ」

労働の成果を互いに分かちあい、ひとつの家族のように暮らしてきた部落、大山さんの語る竹富島像は、あらゆる労働が貨幣価値に換算される仕組みの世界しか見たことのない者にとっては、ひどく懐かしい感触がする。半農半漁で得た農産物も海産物も、貨幣の垢《あか》にまみれることもなく、島の人々の命をつないだ。その話だけを聞けば、竹富島には近代資本主義的経済機構がまだ入り込んでいなかったように見える。

が、「私ら若いころ」と大山老人がいったその時代は、いつごろであろうか。仮に二〇歳とすれば、いまから五七年前の大正も末期のころ、妻《めと》を娶り、子もでき、生活を引き受けたころであるとすれば、数年後の昭和初期。日中戦争はすでに口火を切っており、沖縄にも徴兵制が敷かれ、南の島々から若者が戦地へと引き抜かれ始めていたころである。

もう少し大山老人の話に耳を傾けよう。

「一つの家族みたいにこの部落は生活しているので、生まれ月から人間の心ですね、もうみんなすべて知っているので、ちょっとでも悪いことをすると、両親からおこられるし、部落から嫌われる。それに人間は他人《ひと》を助けて我が身助かるで、世界は一律兄弟だよという教えが、六〇〇年前より続いてきたという行事の中に、神奉納余興になってありますよ。人間はヨウキ暮らしをもととして生活していかんといけない。おなかの中に汚れた心が入ってしまうと、病は心の根からといって、病気もわずらった場合には、医者もいない、薬もない、たいへんだ、ということで教わってきたもんですから、いたってみんなが健康で、また絶対に盗難ということがないですよ」

大山老人のいう〝ヨウキ暮らし〟は字をあてれば陽気暮らしとなるのだろうか。やましいことのない、心身ともに健康な暮らし……。「おなかの中に汚れた心が入ると病に冒される」、邪心は病原菌のような繁殖力をもって身の内を深奥から蝕《むしば》み、心身ともに破壊する、といういい方は、単なる説教じみたたとえ話ではあるまい。そこにはなにか、島びとの心のやましさ、汚れあるいは悪に対するいいしれないおそれのようなものが感じられる。〝善〟の対句としての悪ではない。もっと底深い、黒々とした悪、魔性をもった悪、いいかえれば、人間の営みを根底から疎外するようなもの、人間の世界を滅ぼすようなもの、島を滅ぼすようなもの、竹富の人々にとっては餓死島と呼ばれた小さな島・竹富を滅ぼすものは、旱害《かんがい》や台風による恒常的な凶作＝餓死ばかりでなく、人間の悪、自らの身の内に巣喰う悪であることを、島びとは身にしみて知っていたに違いない。

大山老人によれば、そうした悪をいましめる教えが神々に奉納する芸能の中に折り込まれているという。

「神様は、悪いことをしたり、人に迷惑かけたり、人のものを盗んだりする人の心をちゃんと見ているから、せっかく年中一大行事の、神様に奉納する踊りに行ったたって、神様は喜んどらんよ、というのが伝統的に教えられていますからね。子どもがちょっとでも悪いことをしたら行事に出られないということ、人並に出られないということになると、たいへんなことになるんですよね。もう、警察より神様の行事がこわいですよ」

人々は心のあり様を、確かにかつて神々に見守られていたに違いない。

竹富島は、面積五・六平方キロ、わずかばかりの珊瑚礁土壌の耕地は痩せ、水にも恵まれない。『おきなわのふるさと竹富島』（山城善三・上勢頭享編・一九七一年）の年中行事の項をみると、一年間に二〇〇もの祭祀《さいし》があったことが記されている。人々は、厳しい自然の条件下、神々に祈った。

それは竹富島だけではなく、八重山のほかの島々でも同様である。人々は、神々を身の近くに引き寄せ、神々の力に沿って生きていた。そして、神々への祈願、感謝の意を表す祭りを一年のうちに何回となく繰り返した。

祭りは農民にとっては労働から解放される日でもある。人頭税時代、生産向上を図る支配側の合理性で首里王府から各種の祭り禁止令がいいわたされたが、にもかかわらず、首里からの通達は島ではいつしかうやむやになり、祭りは間もなく復活した。島の人々にとって祭りは生きていく上で必須の行事だったからである。

五穀豊穣《ごこくほうじょう》を祈願し、豊作に感謝するというその側面だけをみれば、祭りは生産と結びついた、人間が生きていく上で必要な糧を得るために人間が及ばない力に依ろうとする儀式であった、といえる。だが、大山老人の話からすれば、島びとが神々に身を寄せて暮らしていたのは生産にまつわる物質上のことがらだけではなく、人と人との関係のあり様、そして、自己の内面までも神々が律していたことに気づく。痩せた土壌、旱魃《かんばつ》、台風、苛酷な条件下で乏しい生産しかあげられず、人々の意識の中では凶作がそのまま餓死につながり、日々暮らしている場を自ら餓死島と呼ばなければならなかった島で、問われたのは、生産力をあげること以上に人と人との関係のあり様であり、一人ひとりの生き方そのものだったのである。

竹富は、生産力をあげようにも絶望的に、やはり餓死島だった。いや、竹富が最初から餓死島であったわけではあるまい。凶作を餓死というのだと教えてくれた岩手県和賀町の老女の話を思い起こせば、昭和六年、九年と、凶作が東北地方を襲った年よりも、日に日に供出米のとりたてが厳しくなっていった太平洋戦争当時のほうがずっと苦しかった、という。

老女によれば、農民は、いつ襲ってくるかしれない凶作に対しては備える術《すべ》を知っているという。だが、戦時経済は農民の営みを根底からつき崩していったのだし、また、半年近くものあいだ、寒さに閉ざされて極度に生産活動が制限されたにしても、老女の村で、凶作が餓死につながるのは、生産高の約五割という高率な小作料が原因していたのである。人頭税時代、宮古、八重山の島々に課されていた税率は七公三民といわれる。それは竹富でも例外ではなかっただろう。東北でも沖縄でも、凶作が人々の意識の中で餓死につながったのは、厳しい自然によるよりも、よりいっそう人為的な状況によっていたのである。

餓死島を離れて海を渡る

前出『おきなわのふるさと竹富島』に「島で騒動した事件」としてこんな事件が載っていた。少し長くなるが引用しよう。

渡慶次氏飲料水盗難事件

明治四十二年（一九〇九）旧暦七月十五日夜間のこと竹富島は水欠乏のため井戸を三部落に分けて一人一日当り一升八合の割で飲料水を配給していたその時島の結願祭用水として一ヶ所のシンナ

ーカー（国島家の裏井戸）の井戸を一般使用することを禁じ井戸口を厳重に蓋をしてあった。当時竹富島には寄留人であった沖縄出身の渡慶次樽（あだ名トキシミンタマ）が同寄留人の末吉市之助を使って井戸口の蓋を開けさせ井戸水を盗み勝手に使用していた。これを知った部落役職員は非常銅羅鐘をたたいて三部落民を仲筋井戸前の広場に集合させ渡慶次氏を制裁し島外へ追放する問題で気勢を挙げていた。この事を聞いた渡慶次氏は空手の心得があった為すこしも恐れず畳の上に短刀をつっ立て自分に向って来る者あれば見事に打殺してやるとの剣幕、平気に待ちかまえていた。両方とも一時激昂したが平静になり衝突せず治りました。其の後渡慶次氏は竹富島におれず西表島の南風見部落に移住した。

大山老人は「警察よりも神様がこわい」、竹富島には警察は必要ない、といった。敗戦直後、台湾などへ出稼ぎに行っていた若者たちがいっせいに引揚げてきた頃には一時駐在所が置かれたこともあるが、事件らしい事件はまったくなく、したがって警官の仕事もなく、間もなく駐在所は引き払われたという。その竹富で、この飲料水事件は、「島で騒動した事件」としてあげられた三つの事件のうちの一件である。もちろん、ほかにも島の人々の耳目を集めた出来事はあったのであろうが、『おきなわのふるさと竹富島』に収められているのは三件だけである。ということはこの三件以上の〝騒動〟は一応なかった、と考えてよいのだろう（ただし、この著は一九七一年四月の発行。その後、竹富島は急速に観光化していったが、それ以前の話である）。

日照りが続く中で一人一日あたり一升八合というから、約三・二四リットルの飲料水しか割りあてられなかった時に結願《きつがん》祭用に使うため、一ヵ所の井戸の一般使用を禁じた、という話はいかにも大山老人の語る竹富島像にふさわしい。島外から来た寄留人にとっては、水がいかに貴重なものであるか、ということも、結願祭にどれほど島の人々の想いが込められているか、ということも、身にしみては感じられなかったに違いない。寄留人の感覚からすれば、水を自由に使えないこと自体がいら立たしかったろうし、まして、人間が飲む水にも困っている時に祭り用に三つの井戸のうちの一つが使用禁止にされるということが、どうにも解せなかったに違いなく、この事件は、島びとと島外から来た者との生活感覚のズレから起こっただろうことが想像される。

大山老人は二回の旱魃を経験している。

「私が四二の年でしたから三五年前、それに私が生まれた年。こっちの人は命名式に粟《あわ》だんごを作って、長命草というので供え物を作って、蛸《たこ》とか魚とか、料理も作って命名式あげるんですけれど、旱魃で水がないもんですからね、ごはんもできない。長命草を煮ることもできない。水を浴びさせようとしても水がない。ということで、四〇日ぐらい水浴びさせずに放っておいたのに、死なずに生きているんだよ、とよく聞かされたんですよ」

旱魃の真っ只中に生まれ、四〇日間水浴もさせてもらえなかった大山老人は、水にまつわるいくつかの話をした。

「地下水の井戸がありますけれどね、四〇日も旱魃すると地下水も出ないですよ。水には困難がありましたね。石垣島へ行けば水は豊富にいただけるんですけれど、昔は連絡船も便があまりないから、部落の青年の一番力の強い方、船乗りの上手な方、派遣してですね、小さな船で向こうへ行って、水を少しずつ持ってきて、コップに何杯といって分けて飲ましたという例もあるんですよ」

それでもまだ、竹富島は地下水が使えるのでよいという。隣の黒島では井戸を掘っても潮水しか出ず、かつては雨水を貯めて使っていた。人々が、貯めておいた水を宝物のように大事に使っていても、日照りが幾日も続けばまたたく間に底をついてしまう。

「黒島というところは島が生まれて今日に至って潮水ですよ。だから瓶をくり舟に積んで小浜の細崎《くばざき》という所に行って、水を汲んで帰りしなには波がしけて、瓶の中身は水ですから、舟が揺れるとひっくり返って、割れたりして、それでも命拾いができればよかったけれど、瓶と舟と一緒に転覆して、いくらも死んだ人が多いというんですからね」

旱魃の年に生まれた大山老人は、二度の旱魃を経験したといった。そして、大山老人の生まれた年の旱魃は四〇日続いたといった。

沖縄県八重山支庁発行の『八重山要覧』（昭和五四年版）では、一八九七（明治三〇年）～一九七五（昭和五〇）年のあいだの五大旱魃をあげている。もっとも被害の大きかった一九六二（昭和三七）年九月から翌年六月までの日照りの継続日数は二七一日、次にひどいのが一九七一（昭和四六）年三月から九月までの一九一日、一九一七（大正六）年一〇月から翌年五月にかけては一九〇日、そして、大山老人の生まれた一九〇四（明治三七）年には、九月から翌年一月まで一三三日続いた。また一九二〇（大正九）年九月から一二月にかけては一一四日である。

竹富の子どもたちの多くは、尋常小学校を出ると〝餓死島〟から出て行った。ごく一部の者は上級学校で勉学するために、そして、ほとんどの子どもたちは小さな労働力として台湾や沖縄本島へ。八重山の島々からは、沖縄本島よりは台湾に近い。台湾が日本の植民地で、沖縄と台湾とのあいだに国境線がなかった時代、八重山の人々は、隣の町へ行くように台湾へ行ったのである。

大山老人も尋常小学校卒業と同時に台湾へ行った。台湾には沖縄の島々から出稼ぎに行った人々の〝沖縄町〟ができているほどであった。大山老人は、日本の敗戦で引き揚げなければならなくなる時まで台湾で暮らした。

「戦争がなくて台湾におれば、この島、いまごろ無人島じゃないかな、と思うんですよ。私ら、台湾で家もつくってですね、ちゃんと沖縄町みたいに町もできていましたけれど、戦争のために追い出されたもんですから」

大山老人の若い頃、近代資本主義経済に侵されていなかったかに見えた竹富は、島に半農半漁の原始共産制の残滓《ざんし》をとどめながらも、島びとが、島を出ることで〝近代〟に、そして、その経済機構に近づいていた。

かつて、数々あった竹富の祭祀の中でも種子取大祭《たなどーい》は、もっとも重要な祭りであった。一粒の種子は万倍にもなるということから豊年豊作を願い、二日間にわたって神々に奉じた芸能が、現在では伝統芸能として保存され、また、その伝統芸能が観光用には竹富島の一つのシンボルとなっている。

農業が竹富島の人々の生活を支えきれなくなってからもうすでに久しい。豊年豊作を願う種子取大祭の芸能が、伝統芸能として保存されることに何程の意味があるのか、と疑念がわいてこないでもない。だが、そう考えるのはあるいは早計であるかもしれない。かつて種子取大祭が、生産活動の一環であり、また、心のあり様、人と人との関係のあり様まで律して、島びとが生きていく上での支柱となっていたように、過疎状況が定着したいま、島に残って生きようとする人々の生活を、観光のシンボルとなることで支えているのかもしれないから。

島びとの宿から観光の宿へ

大山老人の商う店には、洗剤、シャンプー、トイレット・ペーパーの類から、牛乳、乳酸飲料、清涼飲料水、さらに野菜や魚、肉、豆腐まで置いてある。生鮮食料品は毎日、石垣島から船で運ばれてくるのだ。

「朝一番の船でお豆腐が入ってくるし、一一時になるといろんな料理が入ってくる。魚の煮付、油あげ（油で揚げた天ぷらやフライの類）、焼魚。一時ぐらいからまた、魚や野菜、肉なんかが入ってくるんですよ」

豆腐や料理や生鮮食料品が入るたびに、島の女たちは大山老人の店にやって来る。一一時すぎには、昼食の総菜にでもするのだろう、大山老人が〝料理〟と呼ぶ煮付物や魚のフライやから揚げなどを女たちは買いに来た。女たちが買い物をするのを見ていると、その買いっぷりのよさに驚かされる。ひとつの〃料理〃が三〇〇円前後、それを少なくとも三種類以上、多い人だと五種類も六種類も買って一〇〇〇円から二〇〇〇円、三〇〇〇円といった買い物である。私は、旅の先々で市場を見つけると、よほど急いでいない限り、たいがいは立ち寄ってみる。東京では見られない様々な魚や野菜がどのように調理されるのだろうなどと想像しながら歩くのは楽しいものである。沖縄でもやはり私はこの習性を繰り返した。もちろん小さな島には市場などあるはずもなく、大山商店のような食料品店兼雑貨店が、一、二軒ある程度だ。沖縄の店をまわって驚かされるのは野菜の値段の高いことである。東京でキャベツが一個一五〇円ぐらいの時、沖縄ではたいがい二〇〇円以上はする。ジャガイモやタマネギにしても、同様である。私は高い野菜を見るたびに、失業率は全国一位、平均賃金も東京よりは格段に低い沖縄で、人々はどのようにやりくりをしているのだろう、と想いをめぐらす。が、よく気をつけてみると、高い野菜はすべて本土産、沖縄で穫れる菜っ葉類やトマト、キュウリ等は割合安い。けれど、人口の密集している地域をもつ沖縄本島や、また、離島でも比較的大きな石垣島、宮古島などは、安い沖縄産の野菜もあるが、小さな島には限られた種類の高い野菜しか入って来ない。大山商店で〃料理〃がよく売れるのは、高い野菜を買って調理するよりは案外割安になる、そのためであるかもしれない。

大山老人が竹富島ではじめての旅館をつくったのは、戦後間もない頃である。敗戦で、日本の植民地であった台湾からの引揚げを余儀なくされた大山老人は、故郷竹富島へ帰ってきて、旅館経営を思いたったのだ。

「昔の旅というのは帆船で来るもんですから、黒島、小浜島なんかから石垣島に買い出しに行く場合、朝船を出して、晩ようやく竹富に辿りついて、泊まる場所がないといって大騒ぎすることがあったもんですから、泊まる場所と考えてこの家は三五年前に造ったですからね」

小浜島から石垣島まで約一七・七キロ、黒島からは約一八・五キロ、西表島からは約二五・五キロである。朝早く島を発って、石垣島で買い物や役所での用事などをすませて大急ぎで帰ってきても、竹富島までしか辿りつけないことがある。そうした小浜島や黒島や西表島などの人々の不便を見て、人山老人は旅館を始めたのである。敗戦直後で、まだあらゆる物資が困窮していた。

「あのころはもう物価は高いし、釘なんかなかったですよ。セメンもないし……。材木はぜんぶ西表島の山に登って行って、向こうで伐り倒して、肩にかついで外に出して、小さなくり舟で夜昼何百回も二本ぐらいずつのせてきては往き来して、この家は建ったんですからね」

大山旅館は長いあいだ、周辺の島の人々を相手に商売してきた。本土からの観光客が大山旅館に来るようになったのは、一九七二（昭和四七）年の沖縄の日本復帰以後である。そのころはボッボツと民宿もできはじめ、竹富が石垣島に近い観光の島として脚光を浴びるようになっていた。だが、まだそのころは、竹富島には観光客の受入れ態勢は整ってはいなかった。とくに問題となったのが水不足である。

「本土からお客さんはお見えになっても、水はないし、ガスもないしですね、電気もようやく、光がボッとしているだけですから、お風呂はまきを持ってきてたきおったけど、雨降ると濡れてしまって、煙いっぱいで、お風呂からあがるまでには涙が出て、いまでも〝涙風呂ありますか〟といって当時のお客さんが来ますよ。水もないから、少しずつ分けあって風呂も浴びましたよ」

〝涙風呂〟は涙ほどの少ない湯しか使えない風呂かと思ったらそうではなく、雨の日の、濡れたまきでたく風呂場の煙のせいであった。けれど、少ない湯を分けあうようにして使ったことには違いはない。今日ではその〝涙風呂〟もプロパン・ガスの普及で解消し、湯も、七八年一〇月から、石垣島の水を海底送水できるようになり、不自由なく使えるようになった。

海洋博以後、竹富島の民宿は急に増えて、大山老人によれば現在は二四軒（ただし、『八重山要覧』昭和五四年版によると、一四軒）ある。

大山老人は三年程前の出来事としてこんな話をしてくれた。

「その年の八月一五日に大阪から新婚がね、やっぱり運命じゃったんだろな。その日に那覇に来て、南西航空にすぐきりかえて石垣まできて、それからまたすぐ港まで行ったところが竹富行きの船が出るもんだから、もうトントン拍子にパッパッと乗って、竹富に来て、また、その日、年中一大行事の旗頭といって綱引き競争があるんですよ。校庭で、非常に賑わうからあんたらせっかく来たんだからこれを見てから海水浴場にでも行きなさいと勧めたんですけどね、早く海水浴場へ行きたいと行って、行ったんですよ……」

大阪から沖縄本島にも石垣島へも寄り道せず、まっしぐらに竹富島に来た若い男女は、折しも行なわれていた綱引きを見てから海へ行けばいいだろう、という島の人の勧めにものらず、海へ行った。若い男女は、竹富島の海の美しさを噂に聞くか、あるいは、情報誌などで知るかして、竹富島の海にグイグイと惹きつけられるようにして来たに違いない。

その日、海は大潮引きであった。どこまでも遠浅の浜は、遠くのほうまで砂地を見せていた。若い男女は大潮引きとも知らず、沖のほうで泳いでいたのだろう。二人が浜にもどろうとした時には、潮が次第に満ちてきて、いくら泳いでも浜に辿りつかない。

「男のほうは彼女をひっぱって抱いて来たんだけれど、とうとう潮に負けてしまってですね、彼女をはずしたら、もうどんどん離れて行って……。それで男はようやく部落に入ってきて、あれから部落は行事はみなやめて、ぜんぶ、女も男も総動員して捜したんだけど陽は落ちてしまうし……。石垣島の水上警察の方に連絡もして、それから両親呼んで、一二日間捜してこっちの人は仕事しないですよ。

後で聞いてみたらハンカチと時計が砂にかぶされているのが見つかって、二つ持って来て本人がわりにして、こっちで葬式やったわけです」

屍体は見つからなかった。島の人々はサメに喰われてしまったのだろうと噂した。沖のほうには時々サメが出没するのである。

潮が引いて、また満ちてくるまでには約六時間ある。大山老人が若いころには、潮が引いた二時間ぐらいのあいだに、水たまりに潮の流れにはぐれて残っている魚をとったり、また女たちはシャコ貝をとったりしたものだ。浜に島の人が一人でもいれば沖に泳ぎに行こうとする者には注意を与えただろう。

「八月一五日夜の綱引きで、女も男もぜんぶ綱引き場ですから、指導する人がいなかったということですよ」

二人は結婚するつもりであった。だが親にはまだ許されていなかった。死んだ娘は妹にただ、「沖縄に一週間行ってくるね」といって来たのだった。

間引き墓の墓標

午後になると、大山商店には島の女たちが次から次へと買い物に来て、私は商いの邪魔になると思い、辞した。大山老人は、

「晩にいらっしゃいよ、ゆっくりと三線《さんしん》も聞かせますから」

といってくれた。

その晩、民宿の食卓で、山口県から列車と船を乗り継いで三日かかって竹富まで来たという一人旅の女性と一緒になった。一人の食事は寂しかろうと、民宿のおばさんが一人旅の者同士を同じテーブルにしたに違いない。彼女は三日の旅の疲れをいやすため、私も島から島への旅の疲れをいやすため、ビールを注文した。話がすぐにも折れそうな初対面同士のテーブルに花を咲かせるつもり

でか、台所で泡盛《あわもり》をくらっていた民宿の主も加わって、大山老人の三線の魅力も気になりはしたが、ビールから泡盛へと移っていったアルコールが、疲れた身体に綿にしむようにしみわたっていった。

どんな話のなりゆきでその話がでてきたのか、かつて竹富に間引き墓があったと主はいった。

竹富島が美しい、と感じるのは、ひとつには石垣に囲まれた赤瓦の家のたたずまいにある。その赤瓦の家も古くなって建てかえる時にはたいがいは台風に強いコンクリート建てになる。そんな建築工事の折、軒下などにシャコ貝が出てくることがある。この辺のシャコ貝は大きなものなら、三〇センチほどもある。軒下になぜそんな大きなシャコ貝が出てくるのか。粟国島出身の主は、それが間引き墓であることを、竹富の人から聞いた。小さな島の生産は限られ、子の誕生が喜びでないどころか、その家族の生活を圧迫することが火を見るより明らかであるような時、いや〝餓死島〟で生きることの残酷を新たな生命に課すことを怖れたのだったかもしれない、生まれてまだ声をたてるかたてないうちに圧し殺し、軒下の土中深く嬰児を葬り、シャコ貝をふせておいた、というのである。

年表を見ると、一六八一年（天和元）年、琉球暦では尚貞一三年のころに「間引（赤子埋殺）の悪習始まる」の一行がある（『新八重山歴史』牧野清著）。

旱魃《かんばつ》が続いて人々が荒地や石垣に最後まで残るヒンズ豆をあさる年、この世に生を受けると同時に圧殺され、シャコ貝をふせられて葬《ほうむ》られる、という運命を嬰児は少なからず辿った。間引き墓はその墓標なのだろう。

主はさらに子の誕生にまつわる小さな島の宿命を語っていた。

「昔はお産の時は、姑や近所の人なんかが集まって手を握って力づけたもんですけどね、難産の場合は舟を漕いで、女は股に子を挟んだまま、石垣島へ渡ったけれど、途中で親子とも死んだ、という話はいくらもあるんですよ」

小さな島に医者はもちろん、助産婦がいることは稀だ。女たちは、母や、姑、叔母、あるいは近隣の経験を積んだ人々に助けられて子を産んだ。安産で子が元気であれば、女たちだけの力で充分子を産むことができたのであるが、難産が予想される場合、石垣島へ向けて小舟が繰り出されたのである。竹富、石垣間は約六・五キロ、動力船であれば、そして凪《なぎ》であればたいした距離ではない。だが、一刻の猶予もない母体と新しい生命にとって、手漕ぎの舟の速度はどれほどもどかしかったことか、それどころか、海が時化《しけ》れば舟を漕ぎ出すことさえ危ぶまれた。悪天候で石垣へは行けず、難産の末、仮死状態で生まれ、そのまま生命つきてしまった子、暗雲たちこめるなか石垣島に向かったものの、揺れる細身のくり舟の中で激しい陣痛に身もだえながら母子ともに生命を落としてしまったというようなことが、決して少なくなかったというのである。

臍阿母《フスチアボ》――八重山で出遇った臍切る婆ちゃん

股に子を挾んだまま……

「すいません」

廊下を隔てた向かいの部屋から声がした。石垣島に数人の知り合いができたにしても、旅先の宿で声をかけられることはあろうはずもない。私は公衆電話のある階下へ行こうとした。

「すいません」

もう一度、声がした。泊まり客は私と、向かいのその部屋の客しかいない。障子の中の力のないその声は私に向けられている気配だ。返事をしてみた。やはり私にであった。怪訝《けげん》に思いながら障子を開けてみると一人の女の人がモッコリと何枚もの服を重ねて着たまま敷布団の上に横になっている。産婦人科の医者に往診をしてもらえないだろうかという。すでに九時近かった。診療時間はとうに過ぎているだろう。石垣の病院のシステムがどのようになっているのか、もし東京と同じようであるとすれば、往診は難かしいように思えた。それでもともかくも宿の女主人にそのことを伝えると、

「またそんなわからないことをいって……」

と、顔をしかめた。すでにその人は昼間診察を受け、往診の件も女主人に一度頼んだようであった。電話をして部屋にもどると、女主人が昼間の診察の模様や医師の指示内容を聞きただしているのが聞こえた。そのやりとりから女は次の朝一番の飛行機で那覇の病院へ向かうらしかった。女主人は明日の朝まで待つより他ないだろうと女をなだめて階下の茶の間の方へ帰ってしまった。

障子越しに再度声をかけられたのはそれから間もなくのことだ。

「ラッパ管がダメになってしまう」

女は悲痛にそういった。聞くと、昼間診察を受けた産婦人科医は、その翌日は何かの用事で石垣島を離れるし、また、その病院では設備が整っていないので那覇の病院に行くようにと指示されたというのだ。そして一応の応急措置はしてくれたものの、止まるといわれた出血が止まらず、女は不安におののいているのであった。

西表島《いりおもてじま》から来たのだという。八重山の島々の中では最も大きなその島に私はまだ足を運んだことはなかった。島の南側の大原までなら石垣港から日に何便かの船便もあり、距離も二五・五キロとたいして遠くはないが、女の住んでいるのは一日に確か一便位しかない北側の集落であった。

宿の馴染まない部屋に一人で不安を抱えていることに耐えられなかったのだろう。その人は語った。私と同じ年であった。一度結婚したが、子どもができないために離婚、いまの夫とは数年前に再婚した。女の輸卵管《ゆらんかん》（ラッパ管）は片方が機能をはたさない。もう一方でようやく先頃受胎し、子を欲しがっていた夫は有頂天になって喜んでいた。ところが間もなく流産、その後出血が続き、石垣の病院に連絡をとったところへリコプターが迎えに来たが、女は何をためらったか、それに乗らなかった。そして、ひたすら自宅で安静を保って十数日を過ごしたが出血は止まらず、結局、夫に送られて診察を受けるため連絡船でその日石垣島まで来たのである。女は、出産可能な最後の年代になって残されたもう一方の輸卵管の機能も危うく、子を産めなくなる不安におそれおののいていたのだ。

その晩遅く用便に起きると、水が血液に染ったまま流されずに便器の白さを透かしていた。便器の水を流すことさえも忘れる程に心の均衡をその人は失っていたに違いない。

折しも私は、その旅で子の誕生に寄りそう人々に耳を傾けていた。あたりはシンと静まりかえっていた。廊下越しの向かいの部屋からも寝返りの音ひとつ聞こえない。けれども、暗がりの中でまんじりともせずに不安を抱えているかもしれない西表《いりおもて》の人の心情に想いを馳せながら、私は竹富島で聞いた話を反芻《はんすう》した。

「小さな島だから医者も産婆もいない。難産の時がたいへんでしたよ。女は股に子を挾んだまま石垣へ渡るが、石垣島まで着かんうちに途中で親子とも死んだという話はいくらも聞きますよ」

私はその話を民宿の主《あるじ》から聞いた。まだ連絡船の便も少なく、ましてや五分で石垣島まで着いてしまうホーバー・クラフトなどなかった時代、竹富の女たちは経験を積んだ婆、あるいは姑や実母や伯母・叔母や姉妹らの手を借りて子を産んだ。が、いかに経験を積んでいでも手に負えないような難産の場合、石垣島まで舟が出されたのである。竹富・石垣間は六・五キロ、海が凪《な》いでいる時ならたいした距離でないにしても、時化《しけ》れば舟を出すこと自体危ぶまれたし、仮りに出せたにしろ、急を要する産婦や生まれ出ようとする赤児にとって、手漕ぎの刳舟《サバニ》は思うにまかせぬ速度でしかなかったに違いない。「股に子を挟んだまま死んだ」という民宿の主の言葉に、私は、細身の刳舟の中で波に揺られながら激しい陣痛に身もだえる産婦の苦しみを想像した。そして、状態は異なるにしても、その像に、寝息ひとつたてず暗がりの中に横たわっている西表の人の不安を重ねていた。

翌朝目を覚ますと、すでに向かいの部屋は空だった。西表の人は、昨夜の話からすれば、石垣島に住むという妹さんにつきそわれて那覇へ向かったのだろう。

与那国のシマ産婆

晴れた日には台湾の島影が見える沖縄最西南端の与那国島では、シマ産婆のことをフスチアボとか、ファーナスミピトゥというのだそうだ。官許の助産婦でない産婆のことをシマ産婆と呼んでいるのを耳にしたのは確か石垣島でであったが、その場合の〝シマ〟は、小さな島々から成り立つ琉球弧に外部から入って来た者の目からみれば、〝島〟の字をあてたくなる。だが、この小さな島々に生きる人々が〝シマ〟という時、島の中の、さらに小さなそれぞれの集落を指していたり、〝故郷〟といった意味合いで使っていることからすれば、シマ産婆は、島の産婆というより小さな集落の中で頼られる産婆であろうから、〝島産婆〟ではなく、〝シマ産婆〟としておいた方がよいのかもしれない。

そのシマ産婆を与那国の方言ではフスチアボとか、ファーナスミピトゥというのだと教えてくれたのは、明治二八年生まれの松竹オナリさんである。フスチアボの〝フス〟は臍を、アボは母を意味する。柳田国男の『産育習俗語彙』によれば、筑前大島（福岡県宗像市沖北西約六・五キロ）ではヘソバアサンとかヘソノババ、また大隅喜界島《きかいじま》（奄美大島の東約二〇キロ）ではフスアンマーと呼ばれたそうだ。アンマーは沖縄でも母のことで、臍の緒を仕末する母や婆といった呼称である。ファーナスミピトゥは、ファーが子どものこと、ナスは産ませる、ピトゥは人で、子を産ませる人となる。これもやはり、陸中江刺郡（岩手県南部）でコナサセ（同著）と呼ばれていたことに通じる。

松竹オナリさんが子を産む頃には免許を持った産婆は与那国にはいなく、誰もがシマ産婆に助けられて子を産んだ。

「うちらが子ども産んだ時は病院も何もないでしょ。所々に臍《フス》切る人よね、どこの婆ちゃんがやる、ということはわかっているからね、その婆ちゃん頼んでやった。この臍切る婆ちゃん、一〇日までは通ってね、水浴《みずあ》わせたりなんだりやるからね。一〇日まんさいにはね、いろいろ作ってこの婆ちゃんにあげ、仏様にも祀って、『上等に赤ちゃん生まれて、婆ちゃんが上等に養っていらっしゃったから、うちも上等に育てる、まあ、ありがたいねぇ』と、お礼もするよ。この人に手間も払うよ。昔はあんまりお金はないからね、何か食べるもので払ったり。米は作っているでしょ、米で払ったり、反物で払う人もいるし、自分のできるだけやっとった」

臍阿母《フスチアボ》は島の集落の中で生業、多くは農業のかたわらふとしたきっかけで子の誕生に回を重ねて立ち会ううち、いつしか、お産の時にはあの婆を頼んだらよかろう、と評判をとるようになった婆である。産婦の家から呼出しがかかるまでは、他の農婦たちと特に変わった日々を営んでいるわけではない。臍阿母となるための特別な訓練を受けたわけでもない。ただ、気丈夫《きじょうぶ》であるとか、機転が効くとか、器用であるといった、臍阿母と呼ばれるようになるにふさわしいいくつかの素質を備えてはいたのかもしれない。そうした持って生まれた天性と経験が、生まれ出る子がこの世の中で初めて出遇うという光栄をその女性に授けたのである。

臍阿母は産婦の家に赤児の臍の緒がとれるまで通う。オナリさんによれば、だいたいは臍の緒がきれいになる一〇日目をまんさいといって子の誕生を祝い、臍阿母を慰労した。また、この日は子の命名式でもあった。

もうひとりのオナリさん

「いまでもそんな婆ちゃんがいるよ」

思いもかけず、オナリさんはそういい、その婆ちゃんは学校へ行く道の一番はずれの家に住んでいると教えてくれた。

その婆ちゃんはオナリさんと同じ名前の目差オナリさん（明治三四年生まれ）である。さっそく教えられた通り、学校へ行く道のはずれの家をたずねると、臍阿母であるオナリさんは風邪をひいたといって床に伏せっていた。二、三日もすれば起きられるだろうとのことなので、一応、その頃訪れることを約束して帰ってきた。そして約束の日、再び訪れると、留守居をしていた若い娘さんが、オナリさんは人に頼まれて拝みに行ったという。沖縄ではいまでもユタと呼ばれる一種の占者が暮らしの中で生きているが、オナリさんは人々の迷い事に寄りそう、そうした仕事をもしていたのかもしれない。

その日の午後になってようやく臍阿母《フスチアボ》、子を産ませる人《ファーナスミピトゥ》としてのオナリさんの話を聞くことができた。

「この三本の指、まんじゅうに入れて、（赤ん坊の頭が）一寸ぐらいに見えるでしょ。うんと押したらドゥーッと出るさ。親も力出さんといかん。力出さないと子ども出てこないからよ。『（力を）出しなさいよ』って最初からいうさ。『あなたの子はこの位におるんだが、力をウンと、下にウンとやったら出るから、出しなさいよ』って。何回か力出して、こっちまできたら、もうその時は息こめて、『ウンと力出しなさい』と話したらやるさ。この三本（の指）下に入れてグッと押して、頭出すさ。出す時はね、元気の子どもはワァーッて泣くさ。また、じっとして泣かん子どもはね、臍出さないうちにすぐ運動させるさ、胸叩いて、また、頭のこっち（大泉門）よ、フーッて吹いて運動させる。満端《みちばな》に出てくるからね、海の潮が。これが引いてからすぐ満《み》っつき（満ちはじめ）に子が生まれるさ。間違いないさ。実地が強いよ、うちは」

オナリさんに助産の方法を教えたのは姑である。姑は、オナリさんが嫁いできた時すでに臍阿母《フスチアボ》、子を産ませる人《ファーナスミピトゥ》の評判をとっていた。お産があると姑は必ずオナリさんを連れて行ったから、手伝いをするうちにオナリさんも臍阿母としての技を身につけたのである。

「（昔の）産婆さんは薬は使っておらなかったからよ、湯わかすでしょう。これにカツオ節削って、卵ひとつ、生姜すって入れて飲ましたら身体が暖かくなって出るのが早いって。シッコもウンコもやって空腹《からわた》でしょう。卵二、三回飲ましたらスーッ、みるみる出てきますよ」

臍の緒はブーと呼ばれる麻糸で結んだ。臍阿母は松竹オナリさんがいっていた通り、産婦の家に約一〇日間通う。臍の緒はだいたいそれまでにはきれいに落ちるが、もし落ちない場合には一一日でも一二日でも、落ちるまで通う。

「臍が落ちるまでは責任はうちにあるからよ」

オナリさんはそういった。

今も、島人に頼られて

近頃、出産をひかえた与那国の女たちは、兄弟姉妹や親類縁者を頼って石垣島や沖縄本島までも行って病院で子を産んでくる。どの家からもたいがいは一人や二人与那国を出て、石垣や那覇などで暮らしているからだし、また、空港が開港（一九六五年二月）して以来、飛行機に乗れば簡単に行けるようになったからでもある。飛行機で都会の病院まで行って子を産む、という新しい習慣は、一見、現代の文明がもたらした幸運のように見える。だが、航空運賃、みやげ品代、石垣や那覇に頼るべき人がいない場合は長い滞在期間の宿泊費など、本来の出産費用以外の出費が大幅にかさむ。

そして、天候が崩れれば、飛行機は欠航しかねない。親類縁者が石垣や那覇などにいれば多少余裕をみて、早目に出かけることもできるが、宿泊施設を利用する場合には少しでも滞在費を節約しようと、妊婦が小さなプロペラ機に搭乗可能なギリギリの日まで出発を遅らせているうち、陣痛が起きてしまったり、破水してしまったり、ということもある。こんな時、妊婦の夫やその家族がオナリさんを呼びに駆け込んでくる。

「時間がきたら石垣に行かしているんだがよ、間に合わないって、いってくるさ。『早く行かすばいいのに、どうして行かさんでそのままおいておいたか』とうちはまた怒るさ。『あなたが診てあげなかったらどうするか、どんどん水が出ている』というさ。『明日行くつもりだったが、今晩生まれるよ』というから驚いてよ。一〇日前には飛行機、乗せんからよ、医者も早く行きなさいって、二〇日前に行かせておりますよ。金がない人は仕方がないでしょ。『どうぞ、お願いします』と婆ちゃんの所に来るさ。また、上の子どもら、小さい子どもがおったり、他人あずけられん。金ないでしょ。二人とも入れたら金が出るでしょ。貧乏しているとうちなんかが診て、家にいて産ませて、人助けしております」

幼い子のいる妊婦にとって、病院で子を産むという新しい習慣は、経済的な負担に加えて、留守の間、その子をどうするか、という難題がある。そんなことで頭を悩ませている妊婦もまた、家にいて出産を助けてくれるオナリさんをたずねてくるのだ。

公的な助産婦資格を持たないオナリさんは、臍阿母としての働きをしないつもりでいた。与那国町では、助産婦は町立診療所にたった一人いるだけである。小さな島ではあっても一人では、留守の時など、カバーしきれないことを想定したのだろう。オナリさんはその助産婦から力添えを頼まれた。

「免状とらない人はこれやるな、といったんだから、私はやらんつもりでおったんだがね、産婆さん（町立診療所の助産婦さん）がみて、『あなたができるんだから、自分が引受けする（太鼓判を押す）んだから、うちが石垣の方、沖縄に行く時は診てあげてちょうだい』って」

オナリさんは、新しい子産みの習慣が掬《すく》いきれない妊婦たちを、そしてまた診療所のたった一人の助産婦が診きれない妊婦を診ている。

八〇過ぎまでシマの女たちの子産みに手を貸していた姑は、若いうちに臍阿母になることをきつくいましめていた。

「産ませる時は力が強いんだから、これは女がやったら命が短いんだから、やるなよ、年とってからやるど、って話はあったんですよ」

身心ともに激しく消耗するこの仕事を早くから始めると寿命が縮まると姑はいったのである。いいつけを守って、オナリさんが一人で子をとりあげるようになったのは六〇歳を過ぎてからだ。それからもう二〇年、その間に五、六〇人の子の誕生に手を貸した。専門職の助産婦にはその数は及ばないだろうが、一回一回決して失敗を許されない、貴重な五、六〇回である。多くの産婦が石垣や那覇まで行って病院で子を産んでくる中にあって、そうはできない女たちにオナリさんの存在は心強い。そのオナリさんももう八〇歳を越えた。そろそろこの働きをやめようと思っている。

「もう年とっているんだから心配せんで楽に暮らす方がいいさ。命が惜しいさ。もう長生きしないといかないから、あんまり力出したら肩も痛いんだからよ……」

オナリさんが臍阿母の名を返上すれば、与那国の産婦たちはいよいよ、町立診療所のたった一人の助産婦を頼るか、石垣や那覇などの病院へ、多額な出費を覚悟で行く以外、方法がなくなる。

3　囲いのない廓

辻の女　その1——尾類《ジュリ》と呼ばれた遊女

祭りのまえ

その日、尾類馬《ジュリウマ》行列を見る前に小山美容室（仮名）に寄ってみようと、早目に辻へ向かうと、四つ角の真ん中で老女が前後左右を見渡し、おぼつかない足どりで行く道を迷っている風である。視線があうと老女は、

「姉さん、どこ行くの」

と声をかけてきた。尾類馬見物だ、と答えると、老女もそれが目的だから一緒に行こうという。老女は辻出身なのかと、ふと思う。

尾類馬行列は料亭・松乃下の所から午後二時に出発すると聞いていた。まだ二時間近くもある。

「姉さん、どこね」

「東京」

「私の娘も内地へ行ってるよ」

老女は近くの村からいとこの所へ遊びにきているのだといった。一人息子を戦争で亡くし、娘は大阪に行き、連れあいにも先だたれていまは一人暮らしだと、道すがらそんな自己紹介をした。

料亭・松乃下の前まで行ってみたが、行列の始まる気配は微塵《みじん》もない。

小山美容室へやはり行ってみようかと思ったが、ふと声をかけられた、話し相手の欲しそうなこの老女に尾類馬行列が始まるまでつきあってもよかろうと思い直した。

「おばあさん、どうする？　まだ時間があるよ、ここに座って待ってようか」

料亭・松乃下は小高い丘の上にあり、その斜面に御嶽《ウタキ》公園があって、その周辺の叢《くさむら》が尾類馬見物には格好の場所に思われた。だが老女は、行列の始まる気配のない南国の明るすぎる静かな光の中で、ここから行列が始まることを納得しはしなかった。スタスタと歩き始め、私も所在もなくその後を追い、老女は人にいきあうと沖縄の方言で尾類馬行列はどこから始まるのか、聞く。老女はあいかわらず道の真ん中を往き、時折、タクシーのけたたましいクラクションにおどされる。髪を結い、尾類馬行列の華やかな衣裳の女にあうと、老女はまた声をかけ、忙しそうに立ち去るその人の後についていけばよいとついて行く。けれどその人は、途中で家の中に入ってしまい、老女は足元をすくわれたように心もとない顔をした。再び、踊りの衣裳の娘さんに出遇った。また声をかけ、けれどもまた、忙しそうに置いていかれてしまう。老女が辻出身ではないかと思った私の見当ははずれていた。もしそうなら尾類馬行列がどこから出るか知っていたはずだから。

化粧した子どもたちが通り、町はそろそろ祭りの気配だ。

「おばあさん、さっきの所へ行ってみよう、行列はあそこから出るに違いないから」辻をひとまわりした所で、老女はようやくその気になり、バーや民謡酒場がまぶし気に戸を閉ざした道を場違いにひき返す。

料亭・松乃下の前の斜面には、チラホラと尾類馬見物の人が集まり始めていた。老女はようやく納得して、孫を連れた老いた四、五人の見物人にも声をかけられ、叢に腰を落ちつけた。

尾類馬行列は、かつて辻に遊廓のあった時代、旧の正月二〇日に商売繁昌の祈願をした後に行なわれた。いまではハーリーや綱引きとともに那覇市の三大行事のひとつに数えられている。

御嶽公園の斜面の叢は次第に見物人で埋まっていった。道の向かいにカメラマンも寄ってくる。アイス・クリームをなめなめヤンキー・ガールが三人、斜面の下に陣どった。隣に五〇がらみの背広姿の男が腰をおろした。

「近くまできたら尾類馬行列があるというんで寄ってみたんですよ」

男は若き日に見たという三十数年前の尾類馬行列を懐かし気に回顧し、その様子を私に聞かせた。小さな建設会社を経営するという温和な、けっして暇をもてあますほどの年齢ではないこの男を、年寄り子ども、あるいは家族連れが集まった祭りの実体を失った疑似的な催しにひきつけたものは何だったのだろう。

「人工の光を全部消して、月が皓々《こうこう》と照ると本当にもう自分まで青く染まるみたいなたいへんな月、あの鮮かな、濃い月光、いま見られません。少年の感傷であったかもしれない。明日、あさって、戦争がくるかもしれないという……」

一歳くりあがって一九歳で最後の徴兵検査を受けたという作家の船越義彰《ふなこしぎしょう》さん（沖縄の作家・一九二五〜二〇〇七）は、浴びれば染まりそうに青い戦時下の辻の月を忘れられないという。電灯が消え、皿に牛脂を入れてともしたわずかな明かりは、けっして戸外にもれることはなく、いや、仮りにもれても、南国の皓々と照る月の濃い青さを弱めはしなかっただろう。

月光で青く染まった辻は、昭和一九年一〇月一〇日の空襲で焼き尽くされてしまう。

「十・十空襲の時、あんなにまで家が見事に焼けるとは思いませんでした。バリバリバリバリ、屋根の瓦ね、瓦まで焼けてしまうような感じ、瓦まで火がついているような感じでボンボン崩れていく……」

那覇の町は平家《ひらや》が多かったが、辻だけはほとんど二階建てだった。その二階家の赤瓦が劫火《ごうか》に包まれてそれ自体火となって燃えているようにゴウゴウと音をたてて崩れていった。

寛文一二年（一六七二）に創設されて以来栄えた辻は一日にして燃えつきたのである。

遊女・よしやの唄

那覇に辻という遊廓のあったことをおぼろ気に知ったのは、一〇年程前、沖縄出身のN君に会ってからだ。メキシコ系アメリカ人の血が半分流れているというN君と新宿にあった小さな呑み屋に入った時、やはり沖縄出身の呑み屋の姉妹は沖縄の唄のいくつかを三線《さんしん》をかき鳴らしながら聞かせてくれたのだが、その時によしやという遊女の話を挿し挾んだのである。

恨む比謝橋《ひじゃばし》や　吾ん渡すと思て
情ねん人の　架けてうきやら

辻を描いた書物によく出てきた遊女よしやのこの歌に、その時は心打たれて、身を売る女の現代版であるN君のお母さんに想いを馳せたりもしたのである。N君のお母さんはいわゆる米兵のオンリーであった。髪の縮れたN君は、大通りを歩くと〝売女の子〟と石を投げられるから裏道ばかりを歩いていた。だから小さい時から船員になりたいと思っていた。船員になれば沖縄を離れられるから、と語っていた。

歌の途中で、小さなカウンターの向こうにノッソリ現われたネズミを姉妹のどちらかが見つけるが早いか側にあった棒でビシッと一打で殺し、打った娘自身はコロリと死んだそのネズミの大きさに度胆を抜かれ、私はネズミの大きさもさることながら、娘のすばしっこさに感服してしまった。鼠と三線の音と遊女よしやとN君の話はうら哀しくその夜を酔わせた。

尾類馬見物に出かける前々日、久茂地小学校の側にある古本屋へ行った。

古本屋の主は、話し好きらしく、あれこれと辻の話をもちかけてきた。

尾類馬行列が那覇の三大行事になっていること、市の観光課は観光客寄せを目論んで資金的な援助をしていること、そのことが、婦人会の強い反対を受けていることなどを。

辻に遊廓のあった時代、尾類馬行列は、そこに生きる人々の商売繁昌の祈願祭の一部であり、また、遊女たちの日頃の芸事修練の披露の機会でもあった。現在の尾類馬行列は、踊りの師匠やその弟子や、あるいは辻でバーや料亭などを営む人々、その従業員などが参加して行なわれると聞いた。

辻は昼間歩くと多くの店が南国の強い光をまぶしそうに避けて戸を閉ざし、白日のもとでは歓楽街特有のある侘《わび》しさを感じさせるのだが、遊廓が消えたいまも、かつての繁栄と比較にならないとはいえ、客商売で成り立つ町である。農業や漁業などの生産や労働と深く結びついたかつての祭りが、工業化社会の中で次第にその目的を失っているにもかかわらず、観光用や、時にはテレビ放送等のために一段と華美になっている。尾類馬行列もそんな現象のひとつかもしれない。バーや料亭や観光ホテルなど、つまり現在の辻の人々が行なう尾類馬行列は、遊廓のあった時代のそれに似せた疑似的な行事だ。婦人会が反対しているのは、那覇市の〝三大行事〟のひとつに数えられ市が資金的な援助をしている点なのだろう。市の代表的な行事のひとつにかつての遊廓の祭りが数えられるのが気に障《さわ》るのに違いない。婦人会の方々に直接あって確かめたのではないのだが、古本屋の主人が話してくれた貞淑な（に違いない）女たちの反応は、たまさか街角で目にする三悪追放の標語を見た時と同じような奇妙な感触で、複雑な感慨が後々まで尾を引いた。

また、古本屋の主はこんな話もしてくれた。琉球王朝時代、中国から冊封使《さくほうし》（中国が周辺諸国を従属させるために爵位《しゃくい》を授けた、その使者）が来て長期滞在していた頃、私娼窟があちこちにできていた。そして私娼たちが袖《そで》を引いてうるさくてかなわないと、張学礼という地位の高い冊封使が久米の役人に書面で抗議した。辻と仲島に遊廓ができたのは、それから九年後のことである。

辻は江戸の吉原や京都の島原などとは違って、いや、世界中を探しても辻のような遊廓はないのではないかと思われるのだが、長い歴史を経て独特な世界をつくりあげてきた。その辻の発祥の逸話は私には意外だった。

終戦直後、ＲＡＡが設立され、〝新日本女性求む〟の広告で、両親や夫や子どもや、あるいは恋人を亡くし、焼け跡をさまよって〝食〟や職を求めていた女たちがかり集められたことを私はふと思い起こした。〝新日本女性〟の仕事は敗戦後駐留してきた米兵の性的欲望を満足させ、日本女性の貞操の〝防波堤〟となることだった。米軍支配下の沖縄のＡサイン・バー（Ａサイン＝「米軍公認」）も、米兵の性病伝染を防ぐことが主な目的であっただろうが、もう一方では、放埒《ほうらつ》な侵入者の行動を一定区域にとどめ、一般婦女子の被害をくいとめようという治安上の配慮（？）もあっただろう。発祥当時の辻が、復帰前まで存在した歓楽街「波の上」のＡサイン・バーと同じ役割を果たした、といえば、かつて辻を知る人に叱られるに違いないが、中国から来ていた冊封使の袖を引いていた私娼にかわって、公《おおやけ》に認可された辻や仲島遊廓の遊女たちが長期滞在する冊封使の相手をつとめるようになったわけである。

女だけで営まれた遊廓

午後二時、御嶽《ウタキ》公園周辺は尾類馬《ジュリウマ》行列を見物にきた人でいっぱいに埋まった。だが、行列はなかなか始まらない。隣の背広の男性に聞くと、

「ウチナー・タイムですよ」

悠然といった。ウチナー・タイム、つまり沖縄《ウチナー》時間は南の島特有の余裕のあるものなのだそうだ。道までもいよいよ見物人でふくれあがり、予定の時間を半時ばかりすぎた時、ざわめきの中にドガーン、ドガーンと大きな銅羅の音が鳴りひびき、スピーカーは見物人に行列のために道をあけるよう指示した。行列が整い始めると、カメラマンは尾類馬に集中した。他の様々な踊りの扮装をした者も長い行列をつくっているのだが、遊廓のあった頃には辻の中でも美しい尾類が馬として選ばれていた。尾類馬行列実行委員の説明が耳に入る。

「……昔、辻に売られた尾類たちが、田舎から出てきた両親に、日頃の芸の修練の結果を見てもらおうと、様々な歌や踊りが披露されたのです。田舎の両親は尾類馬行列の中に美しく成長したわが娘の姿を見て大いに満足して帰って行ったのであります……」

行列は辻の町中を踊りながら練り歩いた。人々は、店の前に顔を出し行列してくる尾類馬やその他の踊りを歓声をあげて迎えていた。尾類馬見物の途中でやはり小山美容院に寄ることにする。

小山みちさん（六三歳・仮名）は若い日を辻で暮らした人だ。いまは、辻で生んだ一人息子と美

容院をするその妻、それに孫たち二人と一緒に暮らしている。

みちさんが辻に売られてきたのは数え一六歳の時だ。満で数えれば一五歳である。叔母が辻の抱親《アンマー》で、一番上の姉が叔母に抱えられて尾類《ジュリ》になっていた。みちさんも叔母のもとにひきとられる手筈になっていたのだが、叔母の所では嫌だけれど、姉さんの所なら行くと、切実な意志を通し、みちさんは姉の抱え妓になった。

辻は女の手だけによって支えられていた遊廓だ。男といえば、貸座敷組合事務所にわずか二、三人いただけである。抱親《アンマー》自身も尾類として辻に売られてきた女性が多い。

みちさんと九つ違いである姉は一〇歳ぐらいの時に辻に来て、もうすでに二、三人の妓を抱えて抱親となっていた。みちさんが辻にくる直接のきっかけとなったのは、伯父の病気である。伯父といっても血のつながりはない。伯母の連れ合いの人である。小さい時に母親を亡くし、みちさんは伯母のもとにあずけられていた。伯父は自分のために尾類になるみちさんにすまないといって男泣きに泣いた。だが、当時の沖縄の農民の貧しさは、家族の中から病人を出せば、病人を医者にも見せずに見殺しにするか、その治療費を得るために子どもを売るしか手がなかった。男の子なら糸満の漁師に、女の子なら辻遊廓に尾類として売られた。

糸満に売られた男の子の場合は年季があったが、辻の尾類にはそれがない。糸満の漁師たちは二〇歳、戦前なら兵隊検査の時に年季も明け、兵隊にゆき、だが召集解除となってもみな糸満にもどってきた。幼い時に売られ、素もぐりで魚をとる漁師として育てあげられた彼らは、生まれ故郷へ帰ったところで、親たちの生業へはつけなかったからだ。

糸満に売られた男の子たちが生涯漁師として生き抜いたように、尾類も、その多くが辻で暮らす。幼ない尾類の卵たちははじめのうちは抱親や姐さんたちの使い走り、掃除、洗濯などをして暮らした。客の相手ができるようになるまでは食事も衣類も抱え親にあてがわれ、稼いだ金は抱え親に渡した。固定客がついて一人前とみなされると、一定の額の加納金を抱親に支払う。

加納金と、税金や光熱費などを払いさえすれば、自分の裁量で、舫《もや》いをかけるのも、きものを買うのも自在である。この期間に尾類たちは舫いをかけて、抱親に返す身代金＝ドゥシルをつくる。稀には客が身代金を用立てることもあるが、多くの尾類たちは、日々の稼ぎの中からこの資金を積み立てていくのだ。抱親に身代金を返してしまえば、辻を出ていくのもとどまるのも自由の身になるのだが、多くの尾類は辻に残った。辻に残って、自らが抱親となり、抱え妓を持つのだ。こんな繰り返しで辻の女たちは一門を形成し、生きてきた。抱親の抱え妓のそのまた抱え妓たちが共にひとつ屋根の下で暮らしたのである。

みちさんの抱親は実の姉だったから、その抱親である叔母の指示を直接的には受けなくてもすんだが、それでも叔母の存在はこわいものであった。

姉は、

「あんたは本来なら普通の人の所へ嫁にやらなければならないのに、私に甲斐性がないばかりに自分と同じ辛い想いをさせて……」

と口癖のようにいい、陰にひなたに、辻の中でみちさんをかばってくれた。辻に入ってはじめのうちは、宴会があった時に、姉や、また、他の姐さんたちの所へ客がくればその給仕をしていた。

かつて那覇には旅館は数少なく、料亭などもなかった頃は辻は遊廓であるばかりでなく、宿泊客を泊め、役所や会社の宴会なども引き受けていたのである。みちさんは、姉が二部屋続きのきれいな部屋を持っていたので、その一室を借り、宴会などある時には部屋を貸して、それも収入になった。

〝普通の生活〟への憧れ

みちさんが初客をとったのは一七の時だ。こわくてこわくて仕方がなかった。

辻に売られてきた妓たちはもうそろそろ客をとってもよい、という年頃になると、それまで長く伸ばしておいた髪を結いあげる。このことを〝初髪結い《ハチカラジ》〟といった。初髪結いがすめば間もなく初客をとる。初客は抱親《アンマー》が思案の末、あの人なら、と選びぬいた人になってもらう。初めての妓に恐怖心を与えてはいけないという配慮から辻で充分に経験を積んだ、もうすでに老年の域に達した社会的名声のある人が選ばれた。初客となる出費はたいへんなもので、尾類として辻で生きるための調度品一式、つまり、たんす、布団だんす、水屋（茶だんす）などを整えてやることもある。初客がそこまでしない場合には抱親がそれらを買い与えなければならない。そうした場合には尾類はその使用料を抱親に払った。運のよい妓は初客となった人の結尾類《チミジュリ》にそのままなることがある。

結尾類は、一人の人だけの庇護を受け、他の客をとらない。

みちさんは、姉の「本来なら嫁にやったのに……」という悲痛な配慮で、客をとるよりも給仕をしたり、部屋を貸したりなどして暮らした。一八の時には、鹿児島からきていた役人の結尾類になり、一九でその人の子を生んだ。そして三年後には、その役人が京都へ転勤になったためみちさん親子も連れていかれた。辻で暮らしたのは正味五年ぐらいの間だ。

みちさんは、姉が抱親だったので金で売られた尾類の本当の哀しさを知らない、という。確かにみちさんは、多くの客をとらずに早くから結尾類となった。辻の中では幸運な方なのかもしれない。

辻は、吉原や島原など大和の遊廓に比べれば様々な点で驚くほど遊廓らしくない遊廓だ。

辻の抱親は抱え妓たちをあずかったその日から尾類として生きる道を厳しく教えたというが、その信条は美しい尾類《チュラジュリ》になるよりも格式高い尾類になれ、ということであった。不特定多数の客をとって稼ぐよりは二、三人の固定客を持ち続けることの方がよしとされたのである。

『辻の華《くるわのおんなたち》』（上原栄子著・時事通信社刊・一九七六）には、農民が作物などを載せて運ぶモッコに乗せられ、四歳の時に辻に売りに来られた著者が、抱親によって辻の女として生きていくための様々な厳しい教育をされたことが描かれている。

辻社会で生きていくことは、男に媚を売って生きていくことでは決してなかった。踊りなどの芸事を仕込まれると同時に、礼儀作法、それに小さな時から〝働くこと〟を教え込まれた。当時、沖縄では厠《かわや》が豚小屋を兼ねており、人糞を豚の餌としていたが、それだけでは足りず、飼料にさつま芋などの皮を与えた。そのさつま芋の皮を集めたりするのは尾類の卵たちの仕事だったし、また、旧五月四日の〝ユッカヌヒー〟の前や年の暮れにマッチや小さな爆竹、線香花火などを売ったりもした。他の楼から頼まれれば踊り子として出かけていくこともある。

みちさんにはヘージリバッテーが印象に残っている。姐さんたちの各部屋には火鉢がおいてあったが、火をおこすためかまどから熾《おき》を拾ってくるのも尾類の卵たちの仕事だった。バッテーとは、競争してとることでヘ！ジリバッテーとは競いあって熾を拾いにいったことをいうのだという。

作家の船越義彰《ふなこしぎしょう》さんが〝ばあさん〟と呼んでいる、祖母の姉にあたる、つまり大伯母《おおおば》さんは、七円五〇銭で辻に売られた。それは豚一頭の値段より安かった……。一番辛かったのは何?と船越さんが聞くと、藍《あい》の中に手を入れたその時の冷たさだったという。明治一七年生まれの〝ばあさん〟が藍染めを手伝わされたのは七、八歳の頃の記憶だ。辻の廓《くるわ》の中でも女たちは糸を紡《つむ》ぎ、藍に染め、機《はた》を織っていた。それを尾類の卵たちも手伝った。『辻の華』(上原栄子著)にも、結尾類《チミジュリ》や、時間のあいた尾類たちが内職に機織りをしたり、パナマ帽を編んだりしていたことが記されている。豚の飼育も内職のひとつだった。

豚を飼ったり、機を織ったり遊女らしくない仕事を覚える、それは、

「普通なる生活への憧れじゃなかったでしょうかね」

と船越さんはいった。

辻の女たちが最も憧れたのは辻を出て〝奥様〟になることだった。だが、それは、辻の多くの女

たちにとっての文字通り〝憧れ〟であって、現実には辻の中で生きていかなければならない。金で売買されるという宿命に堕さず、〝普通なる〟生活を辻の女たちは辻の中で具現していた。だが、豚を飼い、機を織るという辻の生活も大正末期頃からくずれていく。船越さんはこんなふうにいった。

「昔は電灯がないから客も夜通し遊んでいくわけじゃない。だから朝早く起きて機を織ったり、豚を飼ったりしていた。けれど、次第に経済生活が活発になり、近代文明なるものが沖縄にも入り込んでくると辻も不夜城になるわけですよ。夜通し、いつでもあいているようになると昼と夜の生活が狂ってきて、機を織る時間もなくなり、豚を飼うこともできなくなる。そのかわりに金をとって買うという消費生活になってくる……」

みちさんが辻に来た時には、女たちは機を織ることも豚を飼うこともしなくなっていた。

辻の女と市井《しせい》の女

みちさんの友達だった尾類は、鹿児島の人に受け出されて囲われた。だが、辻を離れて暮らす友達の所に男の妻とその母親が乗り込んで大騒ぎになった。沖縄では、辻に女がいても、あるいは辻の女を囲っても、それを騒ぎたてるのは妻の恥とされていた。それどころか古くは、結婚式の前には花婿《はなむこ》は辻で過ごし、新嫁の夜の過し方を尾類に教わったという。その時花婿の夜伽《よとぎ》（女が男に付き添って共に寝ること）をする尾類をニービチ尾類と呼んだが、花婿がはじめての女であるニービチ尾類を忘れられず結婚してからも辻に通いつめた、というエピソードも残っているぐらいだ。また、辻の尾類は大事な客の家の冠婚葬祭の時などに手伝いを頼まれれば出向いて甲斐甲斐しく働くこともあった。特に結尾類は、男の家に出入りするのを許されることは、男との関係を家人に認められたと思い喜んだものだ。男の妻の方も、日頃自分の夫が世話になっている辻の女たちに盆暮れのつけ届けをしていた者もあったという。このように、辻の女と、沖縄の市井《しせい》の女たちの間には互いの存在を認めあうようなところがあって、辻に怒鳴り込んでいざこざを起こすのはきまって大和からきていた女たちだったという。

だが、みちさんは、

「かわいそうだったよ、わざわざ内地から嫁に来て、夫に放っておかれて……。それでも辻では非常識だっていうんだからね」

と、自分も辻の女であり、鹿児島の正妻から男をある期間奪ったのであるが、奪われた女の哀しみに身を寄せていった。それは、男が京都からさらに鹿児島に転勤になり、みちさん親子を妻のいる鹿児島には連れて行けず、男の他に身寄りもなかった京都に置き去りにされた痛い経験があったからだ。相手の女の痛さを自分の痛みと同時につきつけられてしまうのは一夫一婦制の社会にあって、辻に売られた女の、哀しい宿命だったかもしれない。〝普通なる生活〟への憧れ、それは多くは農家に生まれた尾類たちにとって、あたり前すぎる素朴な願いだった。が、みちさんの友達のように、〝普通なる生活〟に入っていき、はじき返されるよりは、辻の女は、辻の中で生きる現実の幸福を追った。中国からきた冊封使《さくほうし》の提言によってつくられた遊廓・辻は、その中で女たちが生き抜くための様々な手だてを、長い歴史の過程で積みあげてきたのである。

餓死することがあり得たかもしれないような境遇から辻に入り、ともかく食べることは保証された尾類たちが、抱親《アンマー》に加納金を払うことで育ててもらった恩を少しずつ返していく。加納金の額は、尾類たちが一人前になるまでにかかった経費、その妓の尾類としての裁量、客の有無などを勘定して抱親と尾類の間でとり決められた。かかった経費にいくぶん加算された額の加納金を払い、売られた時の身代金の返済も終わると、新たに抱《かか》え妓を持ち尾類は自ら抱親になる。

抱親と抱え妓の間は互いに持ちつ持たれつの関係といっていいだろう。抱え妓がまだ一人前に働けないうちは抱親がその世話をし、抱親が年をとって働けなくなると、何人かの抱え妓たちが加納金を払って抱親の生活を支える仕組だ。この仕組によって辻に売られてきた女たちが次に売られてきた世代を生かすことができ、自らも年老いた時、その妓たちに支えられてのたれ死ぬことなくすむ。それは金で売買されるという環境で生きなければならなかった女たち同士の、生き抜くための知恵だった。

二五、六歳の頃には尾類たちは抱え妓を持ち始めて抱親になり、抱親になる頃には多くの尾類が結尾類《チミジュリ》となった。美しい尾類となるより、格式高い尾類となれ、といわれたのは、辻の中での生き方を問われたのだ。自分の身を金で買う男との間にさえ、人間的な情を通わせ合い、数少なくても信用できる客との安定した関係を大事にすることがよしとされた。

抱親が抱え妓を日々教育するその姿勢は厳格なもので、幼い妓にも容赦のないものであった。だが、それは、自分も辻に売られてきてそこで生きた抱親の、辻で生き抜く術《すべ》を覚えなければ生きようがない、というさし迫った想いからだった。「……今でもわたくしの膝には焼き火箸の傷跡が残っています」と『辻の華』の著者（上原栄子）はさり気なく書いているが、金で買った妓への折檻《せっかん》が、抱親の不条理な情念の吐け口、と勘ぐるのは辻を知らない者の邪推にすぎないのだろう。みちさんも、抱親が抱え妓の髪をつかみ、ひきずりまわしているのを見たことがある。みちさんは、「いやだね、あんなのは……」といった。その抱親と抱え妓は戦争中は互いに疎開して別れ別れになっていたが、戦後は実の親子のようなつきあいをしているという。一人前になるまでは苛酷すぎるくらいに厳しく育てあげられた尾類と血縁以上のつきあいをするというのは辻でよく聞く話だ。

「不思議なくらいですよ。人情というのでもない。まだ私にはわかりませんけどね」

船越さんはこういった。

深い絶望をつきぬけた者同士支え合わなければ生きようがない、そんなつながりなのかもしれない。

「役者にほれたら捨てもんよ」

辻で大事にされた客は商家の旦那が多かった。石門通りには鹿児島からきていた呉服屋が軒《のき》を並べていたが、そうした呉服屋の主人や、地元なら材木屋、県庁の官吏《かんり》、医者、弁護士などもてはやされた。反対に辻の女たちに危険視されたのはシバイシー、役者である。

「辻の女があいうのにかかったら、もう、捨てもんよ。もてたけどね。お金はないのよ」

みちさんはこういう。みちさんが辻にいた頃ジープ・マチグヮという女形がいたそうだ。ある大和人《ヤマトンチュ》が辻に来て「あの女連れて来い」といったほど美しい女形だったというが、その芝居がかかると、その楽屋入口はファンで黒山のようになっていた。こうした役者にうつつをぬかす辻の女も中にはいた。だが、仲間同士では役者との恋はひたかくしにされた。抱親に見つかればその恋をひきさかれるのを誰もが知っていたからだ。

尾類の客は抱親《アンマー》や当人によって慎重に選ばれた。抱親が客を選ぶ時の基準はその人の行く末が有望であるかどうか、辻の女に対して誠実を尽すかどうか、だった。客は、最初は二、三人できて酒を飲んだりして帰って行く。尾類も手のあいた者はみな集まってきて歌や踊り、また酌をしてもてなす。そのうち、自然になじみの客ができるのだ。尾類は客に請《こ》われてもいやなら断ることもできた。だが、抱親の勧める客と、自分の想う人とくい違うことがある。イキガブラー、男に狂っているという、こんな言葉があった。

船越さんの〃ばあさん〃は
「男は昼働いて夜遊びなさい」

と客にも尾類にも毅然《きぜん》としていい放った。居続けするような客は見込がない、というのが〃ばあさん〃の固い信念だった。そうしただらしのない客がいりびたれば、よい客がつかないという損得勘定もあったかもしれないが、人の道にはずれることを嫌う、〝ばあさん〟の平衡感覚だった。

「この廓《くるわ》は女部屋のみを以《も》って組織され別に揚屋《あげや》も見番《けんばん》もない。またこの女部屋には帳場《ちょうば》というものもなく、妓夫太郎《ぎゅうたろう》みたいな者もいない。地廻りという兄寄連《あにいれん》の出入するのでなく、若物《ママ》という寄生物もいない、ふだんの炊事や掃除は勿論、宴会などの料理から其の後始末までみんな彼女たち自身でやるのであるから下男下女や板場などもいない、全く遊女ばかりの生活である」

『沖縄の歓楽郷・辻の今昔』には辻がこんなふうに書かれている。辻の女たちが身を売るだけではなく、芸妓でもあり、日常の炊事、掃除、洗濯をはじめ、宴会の際には料理も作った。他の遊廓とは大きく異なる。他の遊廓の女たちは年季が明けて、廓外に出ても仕事ができず、結局、より低い花代で身を切りきざんでいくより他なかった。辻の女たちの技術で特に定評のあったのは、料理と洗濯だった。洗濯に関していえば、ピシッと糊をきかせて仕上げなければならないような扱いの難しい上物の洗濯を廓の外からも頼まれたという。

古くは辻に仕出し屋はなかったが、みちさんの時代には近くに洋食屋も中華料理屋もうなぎ屋もできて、注文すればすぐに持ってきてくれた。そんな時の使い走りには尾類の卵たちが働いたのである。

「〇〇あつらえておいで」

というと電話も普及していなかった頃だから小さな妓たちが走っていく。
五、六人までの小さな宴会なら、たいがいは仕出し屋に料理を頼んだが、多勢の宴会になると尾類たちが自ら腕をふるった。そんな時、料理は、宴会を引き受けた尾類がつくるのだが、その間、仲間たちが客をもてなしている。宴会の時には手のあいている者は誰もが手助けをしたが、尾類同士で手間賃のやりとりはない。自分の所へ客のある時は手伝ってもらい、結局、お互いさまになるからだ。皿や碗など客をもてなすのに必要な什器類はそれぞれの尾類が揃えていた。

宴会の時だけでなく客が少ない時も、仕出し屋の料理にちょっとした手料理をそえるという心遣いも忘れなかった。自分の部屋の火鉢に一年中火を熾しておいて、そこが重宝な調理場になったのである。水屋の棚から酒を汲み、なじみの客なら、火鉢で手料理をつくりながら、相手の話にもあいづちを打ち、心なごむもてなし方をしたのである。

戦争で辻から焼け出された尾類たちは、芸で身を立てる者、商売を始める者、堅気な人と結婚する者など、廓の外でもしっかりした足取りでそれぞれの戦後を歩み始めた。

物売りナベさん

みちさんは五〇年来の友だちだという仲宗根《なかそね》ナベさん（仮名）の家へ私を連れていってくれたことがある。ナベさんは少女時代、辻で物売りに歩いていた。

田舎の方から野菜や魚、肉などをかついでくる人もいたし、小間物や化粧品、きものや下着類、茶碗などを売る人もいた。

ナベさんは主につくだ煮や漬け物を売った。

「つくだ煮、買わないねーッ」

と廓の中の道を歩いていくと、二階から姐さんたちの声がかかる。一人の人が声をかければ、その楼の姐さんたちが次々と出てくるから頭の上にのせていた盥《たらい》をおろし、中のつくだ煮を広げてみせる。一人の人が信用してくれれば同じ楼のみなが信用してくれるが、逆に一人でもよくないといえば誰にもそっぽを向かれてしまう。何度か通ううちには顔を覚えてくれて、ナベさんの行くのを待っていてくれる。

「辻の遊廓の人はみんな正直もんばかりでしたよ。人が損したら自分も損するというそういう気持でね……」

いくら分を入れてくれといわれてその通りの分量を入れると、「皿には飾りに入っていればいいのだから」とか「茶受けもなしに茶を出してはいけないから」などとわずかな量だけをとる。そして最初いった金額だけは払っておいて、「お客さんにそれ以上のお金をもらうから」という。「自分も儲けるから相手も儲けさす」という気持ち、そうした心配りを、いつもナベさんにしていたという。

ナベさんが辻に物売りに行き始めたのは一〇歳ぐらいからだ。

「私たちはもう学校も出なかったさ。一、二年も出たかね。先生が来たら隠れてですね。学校に来いっていわれるから」

ナベさんは二歳の時に母が亡くなり、お祖母さんに育てられていたが、一〇歳の時に父も亡くなり、それ以降は叔父の家にあずけられた。学校へ行かなくなったのは、一番上の姉が子を産んで間もなく亡くなり、残された子の守りをナベさんがしたためである。

「商売したらおもしろかったですね、金儲けるのが。同じような友だちみんな集まって、七、八名いたんですよ。仲間同士、これが儲かるっていえばそれを売ったりして、金儲けることばっかししか、親孝行するしか考えてないからね。いま考えたら、もう馬鹿だったねえ。勉強した方が年とってよかったなあ、と思うけど、親孝行したからと思ってあきらめるんですよ」

物売りを始めたのは叔父さんの家へあずけられてからだ。つくだ煮の他にコブもうなぎも売ったことがある。うなぎは叔母さんが売っていたからそれを手伝い、コブは買ってきて、家で細かく切って炊いて、売りに行く。ナベさんのいた久米からは辻は近かったから、売り切れれば家にとりに来て、「これはよく売れるからもっと入れてよ」というと叔母さんに「もうこれだけでいいから」といわれて、また出かけていく。大の男の収入の倍も小さなナベさんらは稼いだ。一日の仕入れ値は自分でわかっていたから、今日はいくらいくら儲かった、とそれを勘定するのが楽しみだった。

結婚してからはつくだ煮ばかりを売った。夫はサラリーマンであったが、たまには尾類買いもして、朝帰りの夫に商売に出たナベさんとバッタリ顔を合わせてしまうこともあった。そんな時、あわてるのは夫の方であった。夫は顔を真っ赤にして、しまった、見られた！という表情をしていた。ナベさんは別になんとも思わなかったという。

「家に四、五日も来なかったらおこるけど、一晩ぐらいはね。どこかで泊まってるねえ、と思うですよ。普通、男の人はみんなやるってわかっていたから……。また喧嘩なんかしたら隣近所に恥ずかしいでしょ、それも考えていたはずね。尾類に焼き餅やいたとかなんとか、そんなにいわれないかね、と思って……」

囲いのない廓

みちさんは辻の中で三年ほど子どもを育てた。結尾類《チミジュリ》や、あるいは結尾類になっていなくても、辻の女たちに子どもができることがある。尾類たちの避妊といえば事後に便所（便所の横に洗う場所があったので、そこもただ便所と呼ばれた）へ行って湯や水で洗い流すだけであったから、妊娠することはしばしばあったのである。堕胎することは禁じられていた当時、様々な思惑があるにしろ妊娠すれば子を産んだのである。男の子なら七つまでは辻で育てて、学校へ上がるようになると男親の家にひきとって教育してもらう。女の子ならナシンチャーと呼ばれて、辻で尾類として育てあげる。結尾類でない、また身代金を払い終えてない尾類が子どもを産んだ場合には、子を抱親《アンマー》にあずけて働いた。抱親はそんな時、孫ができたといって喜んだ、という。

遊廓の周りにしばしば見られる投込寺（引き取る人のいない死者も葬った寺）は辻の近くにはない。尾類たちがたとえ身代金を払い終えてなくとも無縁仏になるというようなことはなかったのである。辻で一生を過ごし、子どももできなかった女たちの霊は実家に帰り、実家の墓に入った。辻の女たちは働けるうちに力のおよぶ限り、実家の親兄弟のために土地を求め、家を建て、次に墓を建てた。

「なぜやるか、やっておけば自分が死んだ時にはみてくれるだろうという緊迫した願いだったのだと思いますね」

船越さんは静かにこういった。

いま、辻を知る、特にそこに出入りした経験のある男たちは、辻が崩壊したことを無念がる。確かに辻は、男たちが金で歓楽を求めた場所でありながら、それ以上の、温《ぬく》もりのある人間の営みの感じられる場であったのだろう。だが、それは、金で売買されるという残酷の中で、女たちが必死につくりあげてきた社会だった。そうした女たちの胸のうちに秘められた痛哭《つうこく》が聞こえるような気がして、私は、辻の崩壊を無造作に哀惜《あいせき》する男たちの声を苦い感触で聞く。

辻の女　その2——空襲で崩壊した辻の女の行く先

ツルさんとの出会い

「姉さん、姉さん」

少し早目に泊港《とまりこう》に着いたので、渡嘉敷島の民宿で昼食をとるよりはパンでも買っておこうと大きな荷物を持ったまま売店に向かうと、背後で声がする。知り合いもいない旅先で、自分に声をかける者などいるはずもない。この土地の者同士のあいさつなのだろうと思っていると、

「姉さん」

また呼びかけられた。声は私の背に向けられているようだ。ふり返ると、小嶺ツルさん（仮名）が、大きな荷物をベンチに置いて座っていた。

「あ、おはようございます、今日帰るんですか」

私はあわてておじぎをした。

ツルさんとはその前々日、渡嘉敷島《とかしきじま》から那覇の泊港へ向かう船の中で知りあったばかりだ。

「戦時中、渡嘉敷島に慰安所があったそうですが知りませんか」

こんな問いが私にツルさんをひきあわせるきっかけになった。その旅は渡嘉敷島にあったという

慰安所についてたずねることが目的で、その帰りに私は、二等船室にゴロリと寝転がっていた。たぶん、島の人であろうおばさんたちに慰安所のことを聞いてみたのだ。寝転がっていた数人のおばさんたちはムックリと上体を起こして、「あったそうですよ、朝鮮の方が兵隊さんの相手をしていたらしいですよ」

と、口々に大声で話し始めた。だが、詳しく知る人はいなかった。ツルさん一人が、

「沖縄の女性も連れていかれましたよ」

ポツリといった。

「おばさん、戦時中どこに住んでいたんですか」

「波の上ですよ、友だちが慰安所へ連れていかれたので会いに行ったことがありますよ」

波の上といえば、かつて辻遊廓があったあたりである。私はツルさんにゆっくり話を聞きたいと思った。渡嘉敷島の慰安所の話は聞けなくとも、辻遊廓の最後を知っているかもしれない。

船は動き出していた。大きく揺れた。空腹のためか、吐き気がした。法事があって那覇の親戚の家へ行くというツルさんに、もう一度渡嘉敷島を訪ねるからと約束して、横になった。ひそかに約束をかわしたツルさんに、

「どうしてあの人が慰安所と関係があるのかね」

詮索好きそうな一人があたりかまわず大声でいった。ツルさんも私も聞こえぬふりして目をとじた。

それから二日後、ツルさんに会うためと、他にも用事があって渡嘉敷島に向かおうと泊港へ行く

と、ツルさんは帰りの予定を一日くりあげていて、私の姿を見て呼びとめたのである。一日一往復しかない渡嘉敷島行きの船に、今度は船室には入らず、甲板の席に腰をおろしてツルさんと並んで海風に吹かれた。一二月だというのに春のような日和《ひより》だった。渡嘉敷港に着くと、阿波連《あはれん》部落に帰るツルさんは「必ずいらしてくださいよ」と手を振って送迎用のマイクロ・バスに乗って行った。渡嘉敷島は島内には公共の交通機関もないほど小さな島だ。民宿の観光客用のマイクロ・バスが渡嘉敷部落と阿波連部落を結ぶ人びとの足にもなっていた。

生への悲しい執着

「死人の手や足をソーッとどけて、その水たまりから汲んだ水でごはん炊いたらどんな色になると思いますか。ごはんといっても米ツブが数えるほどしかない粥《かゆ》……」

四歳の時に辻に売られて、一九四四年一〇月一〇日の空襲で焼け出されるまで辻で暮らした上原栄子さん（『辻の華《くるわのおんなたち》』の著者）を取材したいと思ってたずねた時、取材は断わられたが、「お友だちになりましょう」とあたたかく迎えられ、だが、そんなきつい問いを投げかけられたことがある。沖縄戦がどのようなものであったか、写真や活字を通してしか知らない私は、その問いの恐ろしさに対応できず、泥水で死人の血も混じっていたりすれば、茶色っぽいのだろうか、などと口ごもっていた。

「青光りしますよ」

上原さんは重く静かにいった。

「水溜まりの〝クムイ〟――井戸の代わりに使った田舎の芋洗い場に水を探して集まる人びとの頭の上に、艦砲の弾が炸裂すると、一度に何十人もの体が、切れ切れになって飛び散りました。その水溜まりに浮かぶ人間の手足や首に対して、何の感情もなく、それを一方に押しやって水を汲み、暗い穴に持ち帰って米を入れて炊くと、人間の燐《りん》の青光りがそのままご飯についてきました。鬼畜生のごとき生活にも慣れやすい人間の性《さが》、弾に当たった人間の死に際の声も、耳に慣れてくれれば、生きるか死ぬかということも忘れ果てて、人間の屍臭《ししゅう》と畜生類の屍臭がかぎ分けられるところまで追いつめられました。

人びとは考えることもなく、ただ恐ろしさのみでひた走り、何度も何度も同じ道を行きつ戻りつしました。あたりに飛び散る人間の肉の付着した石垣で、馬肉と人肉の違いを初めて知りました。ペタッとくっ付く人肉、かたまってポトポトあっちこっちに落ちている馬肉、それを横目で見て走れば、ハエが群をなし、ただちに蛆《うじ》が出動していました。道に倒れた死骸は恐ろしい形相で噛みつくように大口をあけて天をにらみ、そり返った手足が仁王のように突っ張っていて、栄養不良のせいか、死ぬとすぐにふくれあがってくるのです。

馬や山羊《やぎ》の腐った臭いには我慢して走り抜けられましたが、人間の腐った臭いは、肥《こえ》をぶっ掛けられた方が、まだ息ができると思うほどまでの異臭で、道に重なった死骸にちょっとでも触われば腹わたが飛び散り、死体のなかへブスッと入った裸足の感触はどうにも説明できません。生きるものの悲しい執着は、凄惨《せいさん》としか言いようのないもので、こけつまろびつして方角も知らず走ったものでした」――『辻の華』にはこんなふうに書かれていた。

三〇〇年近い歴史を持ち、格式高い伝統を維持した辻はどのように崩壊したのだろう。世界に類《たぐ》いまれな、女たちだけによってつくりあげられた辻遊廓の在《あ》り様を知るにつれ、その最後の姿に触れたい想いにかられていた。十・十空襲で辻の三百年の栄華は一日にして燃え尽きたという、辻を哀惜《あいせき》する人々のドラマティックな語り口にもその想いは増幅された。一〇月一〇日の空襲では、那覇市内は一面焼け野原となったが、この時、辻も跡形もなく焼け落ちたのである。

しかし、辻は確かに、十・十空襲で燃え尽きたが、辻の女たちにとっての辻の崩壊は一日で成就《じょうじゅ》したのではなく、その事実は日を追って迫ってきた。というより、十・十空襲で焼け出された女たちに米軍の沖縄上陸が追い打ちをかけてきた。青光りする粥を上原さんが炊いたのは、翌年の四月一日、米軍が沖縄本島へ上陸し、六月二三日、日本軍が降服するまで敵弾の飛び交う中で避難生活を続けた、その時のことである。

〝青光りする粥〟のエピソードは辻の最後を強烈に語っているように思えた。

ツルさんに出遇ったのは、それから一年近くたってからだ。

島で暮らす老夫婦

民宿に荷物を置いて、午後、ツルさんの家をたずねた。

ツルさんの住む阿波連部落は、渡嘉敷港のある渡嘉敷部落からは峠をひとつ隔てた島の先端にある。峠からは、白いリーフと、明るい光にキラキラと輝く美しいエメラルド・グリーンの海が見えた。この海が観光資源となって、沖縄は復帰以来、より正確には海洋博以来、離島ブームを呼んでいる。渡嘉敷島の民宿も夏になると、本土からきた若者たちで満杯になるという。

「小嶺《こみね》と聞いてもらえばすぐわかりますよ」

そういったツルさんの言葉通り、阿波連部落でたった一軒の食料品店兼雑貨店で聞くと、ツルさんの家はすぐわかった。峠から降りてきた道を、その店の所で右に曲がり、しばらく行ってさらに右に曲がる。リーフと同じサンド・ベージュ色の道が強い光をまぶしく反射させていた。そのまぶしい光を遮《さえぎ》るかのように福木《ふくぎ》（フクギ科の常緑高木。防潮・防風樹として使われる）が厚ぼったい深緑色の葉を茂らせている。路地の向こうにツルさんの家があった。海岸からは少し離れた、部落でも奥まった所だ。

「ずっと那覇にいましたからね、あまり静かすぎて寂しいんですよ」

ツルさんは三年程前、現在の夫、勇さんと一緒になった。夫にとっては三度目、ツルさんにとってははじめての、そして年老いての結婚である。渡嘉敷島は夫のふるさとだ。年金をあてにして暮らす二人にとって、那覇の物価高はこたえて、渡嘉敷島で暮らそうという夫に従って、まだ引っ越してきたばかりなのだ。その家もツルさんらの家が整うまでの仮住居で荷物は解かれずにあった。

鴨居《かもい》に額入りの軍服姿のアメリカ兵の写真が飾ってあった。渡嘉敷島は、沖縄でも最初に米軍が上陸した慶良間《けらま》諸島の中のひとつの島だが、三〇〇名以上もの住民が集団自決するという無惨な経験をしている。戦後、基地ができ、一〇年前後米軍が駐留していた。写真は、その頃、前の住人が米兵と親しくなったことの記念なのだろう。私が訪ねると、間もなくブラリと遊びに来た九〇歳になるという手に刺青《いれずみ》のある老女が「天皇の写真だ」と方言でいう。ツルさんが「天皇じゃないよ、アメリカ人だよ」と説明すると、以前は天皇一家の写真がかかっていたのだといい直した。一人暮らしをしている老女は毎日遊びにくるのだとツルさんはいった。

「年寄りもあちこち散歩して長生きしていますよ。浜に、海に行くさ、海の空気吸いにね」

老女は戦争前、「内地で働いたことがある」といって大和言葉で唄をうたった。

〽花は霧島　たばこはコクブー

……?……あがるは小原桜島

ア、ヨイヨイヨイヤサッと

大阪へ機《はた》を織りに行き、東京へ行って皇居を拝《おが》んだことがある。昔、皇居まで見たことのあるのは自分一人だったと老女は自慢した。機は機械機《きかいばた》だったというから、いわゆる女工として出稼ぎに行ったのだ。

夫の勇さんは「船の修繕をしなければならないから失礼します」といって庭へ出ていった。魚を釣り、民宿へ売って暮らすつもりだと渡嘉敷島に来る船の中でいっていた。

親の借金のために辻へ

ツルさんが辻に売られたのは一三歳の時だ。その少し前、ハワイに移民した父親が莫大な借金を抱えて帰ってきた。母親も父親も異なるきょうだいが一一人いたが、その借金返済めのためにツルさんは辻に売られ、すぐ下の弟が糸満の漁師に売られた。

「昔、親が借金したらもう、その借金は子どもを売ってまでとるぐらいだったんですからね。たいへんですよ。わずか三五〇円のお金で売られてですね。空襲まであっち（辻）にいたわけですね」

一三歳といっても満で数えれば一二歳の時だ。三五〇円はまだ幼くて、すぐには稼ぐことができない者に払う額としては高いといわれた。ツルさんはまだ小学校に通っており、途中で辞めて辻へ行かなければならなかった。行きたくはなかった。だが、どうにも仕様がなかった。ツルさんを買った抱親《アンマー》は六人の尾類を抱えていた。その楼は、後には尾類が一〇人ぐらいになって、辻でも大きい方であった。行ったばかりの頃はツルさんが一番年下で、はじめは掃除、洗濯、食器洗いなどをした。抱親の躾《しつけ》は厳しかった。その抱親が特別厳しいというわけではなく、辻の抱親は抱え妓たちを厳格に躾けていた。家の中の様ざまな仕事をするだけでなく、礼儀作法、言葉使いも細かく注意された。沖縄の方言は目上の人に使う言葉と目下の者に使う言葉は表現が変わり、敬語や丁寧語を適格に使わなければならない。また、踊りや三味線、琴などの芸事も師匠に仕込まれた。小さい時に売られてきた子は学校へ通わせ、学齢を過ぎている場合は文字も覚えさせた。辻に入ったその日から、抱親《アンマー》は尾類たちに辻の女として生きる術を教えていたのである。

ツルさんの抱親が他の抱親に比べて厳しかったのは、朝早く起きることだった。夜は二時、三時まで客はきていたが、朝八時には抱親は起き、抱親が起きれば尾類たちも寝ているわけにはいかなかった。

尾類たちはそれぞれの家の事情で売られてくるから、年齢は一定していない。小さな時に売られてくる妓も、一七、八歳になって売られてくる妓もいた。大きくなってから辻にくると、踊りはもちろん、三味線も覚えられず、自分の身だけをきり刻まなければならなかった。

そんな様ざまな女たちが抱親を中心に暮らしていた。子ども心に、ツルさんは金で買われてきた身であることを自覚していた。そうした緊張感が血縁でない者同士、一般社会とは異なる辻で生きる日々を節度あるものにしていたのかもしれない。ツルさんは抱親のいいつけを守った。それを守りさえすれば、理由もなく叱られることはないことを知った。だが、寂しくて玄関の所に立っていつも一人で泣いた。

六年がかりで借金がえし

ツルさんがはじめて客をとったのは、その翌年のことだ。

「親孝行するのは早い方がいいかい、どうだい？」

ツルさんにはその言葉の真意がわからなかった。

「早く孝行したいです」

単純に答えた。

親の元を離れて暮らす辻にあっては、親孝行は金でしかできなかった。親孝行するということは客をとって稼ぐことであった。数え一四歳ではまだ無鑑札で、警察に見つかれば処罰される。お上の決めた条令よりも、辻では辻のやり方が優先した。初めて客をとる場合でも一定の年齢が決められているのではなく、抱親がその妓を見ていて適当と思われる時期が選ばれる。それは芸事を習わせるような場合でも同様で、ケース・バイ・ケースだ。ツルさんの初客は抱親が心算りしている人がいた。初客は多くの場合、抱親によって慎重に選ばれる。だが、それはツルさんにとって不幸な体験だった。幼い身体で男を受けつけるのは無理だった。それ以来、ツルさんは客をとるのがいやになってしまう。泊まり客をなるべくさけて、酒を呑んで軽く遊んでいく客を選ぶようにしていた。

辻では、必ずしも女の身体だけが売買されたのではなく、もっと多様な役割を果たしていた。鑑札は一応娼妓《しょうぎ》の鑑札と芸妓《げいぎ》の鑑札に分かれていたが、多くの尾類たちは娼妓であると同時に芸妓で、料亭で宴会が催される時には給仕として頼まれていくこともあった（辻の各楼でも尾類たちが会社や官庁などの宴会を引き受けていたことは前章で記した）。昭和九年に刊行された『沖縄の歓楽郷・辻の今昔』に次のように記されている。

「わが郷土の歓楽郷、辻遊廓には百七十六軒の女部屋があり。三百二十九名の女貸座敷の外に千百五十余名の遊女、こまかく云へば四百五十七名の娼妓に二百十一名の芸妓と四百八十四名の雇女（遊女のおたまじゃくし）が男一人を交ぜぬ全くの女世帯であり、女護ケ島である」

四八四名もの、まだ鑑札をとる年齢に達しない、将来、尾類になる子がいたのだ。昭和九年といえば、ツルさんが客をとり始めてまだ間もない頃だ。芸妓鑑札の者は二一一名いたが、娼妓鑑札を持つ尾類が芸でも客をもてなしたように、芸妓もまたひそかに泊まり客をとった。臨検が時々まわってきて、そうした芸妓をあわてさせた。娼妓に週に一度検査があったのは全国共通であった。

泊まり客をとらなければ金は稼げない。ツルさんは金は稼げなくてもよいと思った。そのかわり、無駄使いせず、早いうちからせっせと模合《もあい》をかけた。模合は辻の女たちの一種の貯金だ。六年間模合をかけて、二二歳の時に身代金を払うことができた。売られた時には三五〇円だった身代金は返す時には、利息や、稼げるようになるまでの経費も加算されて、一〇〇〇円以上、確か一三〇〇円ぐらいになっていた。身代金を払ってしまえば、抱親《アンマー》から独立して、同じ楼内だが自分で部屋を借り、きものも自由に買える。嫌な客なら断わることもできた。もう、その頃には、尾類としての生活にも慣れて辻は暮らしやすい所になっていた。

客をとることさえなければ、沖縄のあちこちのシマ（集落）から集まってきていた女たちの集団生活をツルさんは楽しく思った。同じような境遇の者同士が姉妹のように心を通わせて暮らす、それは他の世界では見られないような深いつながりだった。

両親の家が近かったことも心強く、他の尾類たちに比べれば幸運だったかもしれない。遠い国頭《くにがみ》方面や離島から売られてきた妓たちは、盆や正月ぐらいしか家へは帰れなかったが、同じ那覇の真玉橋《まだんばし》のすぐ側からきていたツルさんは、親や弟妹にあいたいと思えばいつでもあうことができた。戦前は沖縄にも鉄道が敷設《ふせつ》されていて、辻から真玉橋までなら楽に半日もあれば行って帰って来られたのである。

祝福される出産

ツルさんは辻が空襲で焼けおちる年の正月五日に子どもを産んでいる。子どもの父親は陸軍中尉だった。ツルさんがまだ一九歳の頃、何ヵ月か通ってきていたが、日中戦争が始まると中国大陸へ渡ってしまった。その頃はまだ、ツルさんのその人に対する感情は淡いものだった。が、六年後兵役が満期になって沖縄へ帰ってきた時、ツルさんを忘れずに再びあいにきてくれたのである。そして、以前にも増してツルさんのもとに通い始めた。その回数が重なるにつれて二人は愛しあうようになっていた。ツルさんは他の客をとるのがいっそう辛い仕事になった。身代金を払う前であれば抱親《アンマー》のいう通りに客をとらなければならなかったが、その頃はもう身代金を払って独立していたのでそれがせめても幸いだった。その人の結尾類《チミジュリ》（一人の決った相手以外は客をとらない尾類）ではなかったが、他の客はなるべくとらないようにしていた。そうしているうちに子どもが生まれた。ツルさんはその人にそいとげたかった。その人の親は教育者で、ツルさんが子どもを生む直前に他の人と不本意な結婚をさせられてしまった。

辻は、他の遊廓とは違って、尾類は子を産み、子の誕生は一門の者に祝福された。子の誕生を祝福する辻の女たちの感情はごく自然なものであったが、辻の中で子を生んだ女は、やはり、悲しい枷《かせ》を負わなければならなかった。女の子が生まれればナシンチャーと呼ばれて大事に育てられ、成長してからも、他のシマから辻に売られてきた妓たちよりは大事にされ、権勢をふるうこともできたが、身を売って生きる母親の轍《てつ》を再びくり返さなければならない。男の子が生まれれば幼いうちは辻の中で共に暮らすことはできたが、学齢に達すると、男親に手渡すのが慣例だった。男の子は辻の中で成長するよりは、男親のもとで立派に教育してもらった方がよいというのが辻の母親のその子の将来を考えての願望だったのである。その願望が、自分の子を手離す悲しみをこらえさせた。

ツルさんの子も男の子だったから、いずれそうするつもりだった。子の父親は、出産費用も出してくれて、なにかと気を遣ってくれた。男親から出産費用が出ない場合、自分に貯えがなければ、それは、抱親からの借金になってしまう。まだ身代金を返していない尾類は抱親《アンマー》に子をあずけて稼ぐのだが、そのあずけ賃も借金になる。それでも子を産む尾類は稀ではなかった。堕胎が禁じられていたという時代背景もあるかもしれない。だが、それ以上に子を孕《はら》めば産むという、辻の女たちの生命に対する自然な想いからだったのである。

ツルさんは、子は仕事する間も抱親にあずけずに自分で育てていた。それでもものわかりのよい男たちが子連れの尾類のところに通ってくれた。

借金もなく、あくせく稼がなくてもよい、という余裕も、ツルさんにはあった。いい子がいれば一人抱えて、抱親になろうという時期だった。抱親になれば、辻ではそれなりに楽な生活ができるはずだった。

焼け尽きた辻

「空襲、空襲、起きなさい」

一九四四年一〇月一〇日の朝、ツルさんは歯ブラシを持ったままあがってきた抱親に起こされた。近々、空襲がある、という話は兵隊から聞いていた。それでツルさんは前の晩、子どもの腹巻をつくったり、おしめなど必需品をカバンにつめたりする準備で遅くまで起きていて寝過ごしてしまったのだ。最初は演習しているのだろうと思ったが、起きてみるといつもの様子とは違う。

シューシュー、パッパンパン。

ものすごい音がした。ツルさんはあわててモンペをはき、下にあった厠《かわや》へ行って用をたし、二階の自室へあがってかやの中で寝ていた子どもを抱きかかえ、蚊帳《かや》は吊ったまま、寝具もそのまま、前夜用意しておいた非常カバンだけを持って抱親の部屋へ行った。

「早く壕に逃げなさい、早く、早く」

抱親にせかされて外に出た。その当時はどこの家でも壕を掘っていたが、ツルさんは大きな壕の方が安全だろうと思って、辻の近くにあった自然壕へ逃げた。逃げる途中、空襲は次第に激しくなってくる。少し走ってはものかげにかくれ、少しのスキを見つけてまた走り、ようやく自然壕に辿りついた。壕は避難してきた人でいっぱいだった。若い人たちは日頃から防火訓練を受けていたので、消火活動に出ていった。ツルさんは訓練は受けていたが子どもがいて身を守るだけで精いっぱいだ。できる限りの人が消火活動にあたったが、火は次第に燃え拡がっていると帰ってきた人たちは口々にいう。その日の空襲は朝七時頃から始まって夕方五時頃まで続いただろうか。米軍機は夕方になって引き揚げた。六時頃までツルさんはその壕の中にいたが、この壕も危険だから国頭《くにがみ》へ避難するようにという指示があった。外に出ると国頭方面へ避難する人々の長い行列ができていた。朝から何も食べていなかった。空腹だった。両親の所へ行けば配給があるから食べ物はあるはずだと思って何も持たずに辻を出ていた。友軍の兵隊が手拭いとカンメンポウ（乾麺麭。旧陸軍の乾パン）を少しくれた。そのタオルを細く裂いて帯にし、子どもを背負った。子どもは細い帯が身体にくい込むのか、痛がって泣いた。泣けば途中で背中から降ろして乳をやり、とても国頭にまでは歩いて行けないと思い、知り合いのいる普天間まで行った。

ツルさんは辻の最後を見てはいなかった。辻が焼け尽きたその日、一日中壕の中で、消火活動に出て行く人の出入りを見ていたのである。辻で一緒に暮らしていた抱親や尾類仲間もどうなったかわからない。ツルさんは普天間の知り合いの家で一週間程過ごし、米軍機の来襲がおさまったのを見はからって真玉橋《まだんばし》の親元へ帰ってみた。那覇はあたり一面焼け野原になっていた。両親の家は住む人もなく空っぽになっていたが、残っていた。両親は国頭の方へ疎開したのかもしれない、国場《こくば》のあたり一帯の住民は疎開地を国頭に指定されていたから……ツルさんはそう思っていた。そして、焼け残った両親の家で一〇ヵ月になる子と二人、暮らし始めた。それから幾日か後にツルさんの父親が残しておいた避難用の荷物をとりにきた。家族もやはり突然の空襲でとるものもとりあえず避難場所を探していたのである。そして、荷物をまとめると、国頭に疎開していった。

慰安所へ行った友だちに会いに行ってみよう、と思ったのは、それからしばらくたって少し落ちついた頃だ。空襲を受ける前、まだ辻遊廓があった頃、軍から辻の女を慰安婦として出すように命令があった。辻の古老たちはこの軍の命令に眉をしかめた。三〇〇年の伝統を誇る辻では、たとえ遊廓とはいえ、長い間に築きあげられた格式があった。抱親《アンマー》たちは獣《けもの》のように女の性をむさぼる兵隊のなぐさみ者にするために抱え妓たちを慰安所へさし出す気にはなれなかった。だが、当時の軍の要請は絶対であった。辻の女の何人かが慰安所へ行った。もうその頃になると辻にも昼間から兵隊がきていた。そんなことは以前辻では考えられないことだった。もっとも、ツルさんが辻にきた頃には夜通し開けられていた楼の玄関も、灯火管制がしかれるようになると電灯を黒い布でおおい、一二時には玄関の戸が閉ざされた。軍の要請は、ツルさんの抱親の所にもきた。そして仲間の一人が慰安所へ連れていかれるのを見た。ツルさんはその時すでに子どもができており、子持ちは除外されたから慰安所へ行かずにすんだのである。

ツルさんがあいに行ったのは近所の楼にいた友だちだ。十・十空襲で辻を焼け出された抱親や尾類たちは行き場を失って、あれほど渋っていた軍の要請を受けざるを得なかった。というよりも、自らが生きるため慰安所へ行った。もうその頃は那覇のあちこちに慰安所ができていた。

友だちが行ったのは、波の上の海岸端の墓場の近くにつくられた慰安所である。その辺には家具屋が建ち並んでいたが、焼け残った家具屋が慰安所に使われていた。ツルさんは、自分は行かずにすんだが、慰安所はどんな所なのだろうと気になって行ってみたのだ。行って唖然とした。慰安所の前に兵隊が行列をつくっている。友だちにあうために慰安所の中を覗くと、中はカーテンで小さく仕切られただけだ。友だちは食べ物も民間よりはいいし、金も儲けられると羽振りよさそうにいった。だが、その光景はツルさんにはおそろしいものだった。子どもを連れていたので商売の邪魔をしてもならず、帰る途中空襲にあうのも気がかりで友だちの話もろくろく聞かず逃げるようにして帰ってきた。民間ではその頃、ほとんどの物資は配給制で、食べ物にもこと欠いていたが、慰安所では軍から特別な配給があるらしかった。ツルさんは身代金を返していたことにホッと胸を撫でおろした。借金の残っていた尾類たちは、抱親が軍の要請によってつくった慰安所で一日に二、三〇人もの兵隊を相手にしなければならなかったから。

疎開地での生活

ツルさんが両親のいない真玉橋《まだんばし》の家に親子二人でとどまっていたのは、子の父親が再び召集されて読谷《よみたん》の部隊にいたからだ。ツルさんは度々《たびたび》読谷へ会いに行った。が、戦況は次第に険しくなっていった。

一九四五年三月二三日、慶良間諸島がいっせいに激しい艦砲射撃を受けると、そのすさまじい音は那覇にも聞こえてきた。最早真玉橋にはとどまれなかった。その日ツルさんは両親のいる国頭《くにがみ》へ逃げようと思って家を出た。

ちょうど本部へ行く軍のトラヅクがあった。ツルさんは兵隊に頼み込んで名護《なご》まで乗せてもらうことにした。両親は大宣味村《おおぎみそん》のヌハという部落にいるはずだった。本部と大宣味村とは名護で道が分かれている。ツルさんは名護でトラックを降りて、弟の嫁のシマである羽地《はねじ》に寄った。

義妹の家も空っぽだった。空襲警報がかかって、みな山の中の避難小屋に避難していた。が、運よく義妹の親戚の人に出遇うことができた。その人に義妹を連れてくるから壕に入っていなさい、といわれて待っていた。夕方五時になると空襲警報も解除されて、義妹の家で一休みした。だが大宣味村まで、まだ一五キロもある。茶を一杯ご馳走になって、またツルさんは歩き出した。今度は大宣味村へ行くという荷馬車と一緒になった。その馬車は荷物を荷台一杯に積んでおり、乗せてはもらえない。けれど、大宣味村までの道がわかるだけでもよいと思って荷馬車の後について歩いていった。すると、また空襲警報があって、疎開地へ向かう人々もチリヂリに山の中へ逃げた。そして敵機が去って静かになった時、荷馬車の姿も見えなかった。仕方なくツルさんは子どもを背負ってトボトボと、もうすっかり暗くなってしまった山の中を歩いた。人っ子一人通らなかった。どうしても生きぬこう、という意地だけがあった。子どもをなるべく泣かせないようにして時どき背中から降ろして乳をやり、一晩中歩き通した。そして、ようやく空が白み始めた頃、二人の村人に出遇った。

「姉さんいま頃からどこにねー」

「大宜味村のヌハというシマを探してるんですよ」

「じゃあ姉さんはもう一里も通り越してきてますよ、私のシマだから一緒に行きましょう」

ツルさんは来た道をひき返して、やっとヌハへ着いた。だが両親がどこにいるかわからない。村の女二人は事務所に行けば両親の居所もわかりますよ、ツルさん親子が来たことを知らせておきますよ、と親切にいってくれた。

ツルさんは両親がくるまで神社の側にあった大きな桜の木の下で待つことにした。朝になれば空襲がまた始まるかもしれない。空襲になったらその大きな桜の木の下にかくれればよい、と思っていた。

あたりは次第に明るくなってきた。向こうから草刈りに行くおばさんがあがってくる。おばさんはツルさんの方を何度も振り返って通りすぎた。が、すぐもどってきて、

「どこかで見たような顔だけど、もしかしたら小嶺の姉さんじゃないかね」

という。

「そうですが、どうしてわかりますか」

「あんたの家族の避難小屋を私たちがつくってあげましたよ。いま山羊《やぎ》の草を刈ってくるから、それまでここで待っててくださいよ、避難小屋へ案内しますから」

そのおばさんには戦争が始まる前、一度あったことがあったのだ。知人が入院し、病院に見舞いに行った時、看病していたおばさんだ。おばさんは草を刈ってくると、ツルさんの荷物をみんなザ

ルに入れて持ってくれて、歩き出した。ツルさんはようやく両親にあうことができた。四月一日には米軍が北谷《ちゃたん》から読谷《よみたん》へわたる海岸から上陸している。それ以降国頭《くにがみ》からも島の周囲を無数の米軍の船がとりまいているのが見えた。山の中の川沿いに、谷から谷へと渡って暮らす避難生活が始まった。

海から艦砲射撃される。艦載機から空襲される。その度に、山の中へ、中へと逃げた。そして、それが静まると避難小屋へ降りてきて、イモを炊いて食べる。そんな山の中の生活で、弾にあたって死ぬより、マラリアを患って死ぬ者が続発した。毎日、人が死んだ。それでも山岳地帯である国頭はおびただしい米軍の攻撃がくり返された中部や南部に比べれば、比べようもないほど被害は少なかった。

一九四五年六月二三日、沖縄防衛にあたっていた第三二軍は崩壊したが、日本軍は勝つと信じていた山の中の避難民は、なかなか米軍に投降しようとはしなかった。山の木々には米軍機からまかれた三二軍の崩壊を告げるビラがヒラヒラと舞っていた。山を降りようとはしない避難民の所に米軍がやってきた。そして避難民は焼け残った家屋に一時収容され、それから家族数に応じてカバ屋《ヤー》（テント張りの小屋）に割りあてられたのである。

年老いてからの結婚

「戦争がなければずーっとあっちで暮らしていたはずですね。戦争で辻がなくなって、こうして民間に出てきて生活するようになっていますがね」

〝あっち〟とは辻のことだ。辻を知る人が、辻を〝あっち〟とか〝向こう〟といった言葉で表現しているのを何度か耳にしたことがある。辻は、世界でも稀《まれ》な、人間の温《ぬく》もりのする遊廓であっても、土地の人々の意識の中ではやはり、通常の生活の場ではない別世界だった。ツルさんは通りを歩く子どもたちに石を投げられた記憶をたぐりよせる。尾類は一人前になると、普通の娘たちとは違って、髪もかもじ（地毛の足りない部分を補う添え髪）を入れて大きなカラジ（沖縄の方言で「髪の毛」。また、沖縄独特の女性の髪型を指す）を結い銀のジーファ（簪《かんざし》）をさしていた。衣裳も紺地絣《かすり》の上物《じょうもの》を身につけて、見れば一目で尾類とわかった。子どもたちが石を投げつけるのは、親たちに尾類を特別な目で見る、そうした気持ちがあったからだろう。戦争による辻の崩壊は、ツルさんを〝あっち〟から普通なる世界へ連れもどした。

子の父親は戦死していた。ツルさんは、戦後、一人で子どもを育てた。様々な仕事をした。女中もした。土方《どかた》もした。ホテルのメイドもした。皿洗いもした。若い頃は疲れることを知らなかった。三味線弾きにもいった。子どもを着替え部屋に寝かせておいて、夜遅く起こして帰ってくるのが辛かった。それでも女の稼ぎはわずかなもので、親子二人が生きていくギリギリの額だった。

ツルさんは町角で、市場で、三味線を弾きに行った料亭でかつての辻の女たちに出遇った。結婚した人もいる。

多くの辻の女たちが堅気《かたぎ》の世界に入って懸命に生きていた。

子どもは成長すると就職して大和《やまと》へ行き、ツルさんはしばらくの間一人暮らしをしていた。知人に、

「一人暮らししていてはいけないよ、自分の兄さんが妻を亡くして一人でいるから、一緒になってくれないか」

と、もちかけられて結婚した。夫は南洋帰りだ。出稼ぎに出ていて、現地で召集され、戦争が激しくなったため妻子を沖縄へ疎開させたのだが、その帰りの船が爆撃され、妻子を失なった。戦後二人目の妻を娶《めと》り、七人の子をもうけたが、先だたれた。それでツルさんが三人目の妻となったのである。弟妹たちは「姉さんは結婚式はしてみないから、今度はしないといけないよ」

といって、親戚縁者も集まって盛大に祝ってくれた。弟は三味線が上手だから三味線を弾いて、みなが踊り、手品を披露した者もいる。

「楽しかったですよ、年をとってからの結婚式」

とツルさんはいった。

夫はツルさんが辻の尾類であったことについて別に気にとめていない。

「男はみんな辻に遊びに行ってるんだから話はあうわけさ、かえって思い出して上等なはずよ」

夫は、辻で子をさずけてくれた人と同じような気質でやさしい。

変わりはてた辻

翌年の春、再び訪ねると、ツルさんの家は集落の中ほどに移っていた。

ツルさんは、夫が漁に出てもこの辺の海では魚は釣れないと、不安気であった。あの時の老女がまた遊びにきていて、

〽花は霧島　たばこはコクブー

と同じ唄を手振りをつけてうたい、「人間は心が一番、金は二の次」と、これも前来た時と同じことを沖縄の方言でいった。それをツルさんが大和口《やまとぐち》に直して私に伝えてくれた。

帰りの船の中で、私は作家の船越義彰《ふなこしぎしょう》さんがこんな話をしていたのを想い出していた。

「辻に仲の良いガールフレンドがいました。踊り子でした。その子が初客をうけるという時になって、私、もうれつな社会悪だと感じて辻なんか燃えてしまえ、と、まあ、少年の変な正義感でしょうね。……それが本当に燃えてしまった。本当に。そしたら友だちがね、燃える辻を見ながら、オイ、お前の念願はかなったな、焼けたよ、っていった。だんだん寂しくなってね、なんであんなことをいったのかな、と泣いたことがありましたよ」

船越さんの「慰安所の少女」(沖縄文学三一号)は辻の少女が通っていた踊りの師匠の家の少年が十・十空襲を挾んで沖縄の激戦で死にいたるまでの淡い恋を描いているが、それはまったくのフィクションではなかったのかもしれない。少年の日の想い出に基づく作品であったのかもしれない。

沖縄を旅すると、人々の柔らかい胸に、戦争の傷跡が未だにパカッと口を開いているのを見たような気がして、愕然とさせられることがある。

十・十空襲で辻の女たちは四散したが、戦後、波の上に新しい女たちが集まってきた。それは米

兵相手に身を売る女たちだった。そして七二年、復帰とともに売防法が適用されて、いまはバーやホテルが建ち並ぶ侘びしい歓楽街になっている。ツルさんは、

「もうあれから辻町には行ったことないさぁ、すっかり変わってしまって、なんだかこわいみたいで、だから行かないですよ」

といった。

4　もう一つの沖縄戦

ノロの家から満州へ

眩《まばゆ》い光の中の闇に引かれて

はじめて沖縄へ行ったのは、七年前、沖縄が復帰した翌年の夏である。

土、日曜も含めて、たった五日間の夏休み、それも、忙しさに追われてとりはぐれて九月初めにかかってしまった休暇に、何の準備もなく沖縄へ行った。お定まりの南部戦跡コースを知人のそのまた知人に案内してもらい、公設市場を見物したり、沖縄民謡を聞いたりして、だがいらいらとしながら那覇に二泊し、三日目の朝五時ごろ起き出して、南西航空のロビーへ行ってみた。石垣島行きのキャンセル待ちの切符をとるためだ。すでに台風シーズンに入っており、台風が来れば何日間か足留めになるだろう。が、その時はその時だ。ともかく石垣島へ行こう、あの深く青い海を見よう、必死にそう思い込んでいたのである。

狭い空港ロビーは、島の人びとでごった返していた。ピリピリと神経のはりつめたビジネスマンや浮き立った観光客が多い羽田や福岡や札幌などの空港とは違い、孫の顔を見に行くとか、娘の出産を手伝いに行くとか、出稼ぎの仕事が終わって帰るとか、普段着とさして変わらない服装で、バ人に乗る時のような気軽さで人びとは飛行機の出発時間を待っていた。船もあるにはあるが、沖縄の人びと、いや沖縄の中でもとくに先島《さきしま》と呼ばれる離島に住む人びとにとって、本島と島を結ぶ飛行機は生活に必需の乗り物なのである。

キャンセル待ちの受付窓口前には長い行列ができていた。そのころは、確か日に四便ぐらいしか石垣行きはなかった。空席がとれなければ次の便まで長時間待たなければならない。なんとかその便に乗りたかった。搭乗可能な番号が知らされた。私の次の人までであった。後ろのほうで、フーッとため息がもれるのが聞こえた。

石垣島までは二時間もかかっただろうか。羽田から那覇へのジェット機に較べれば、グンと速度を落として、プロペラ機はゆっくりと珊瑚礁の海の上を飛んだ。

石垣島に着き、空港に降り立ってあたりを見まわすと、サトウキビ畑の中に一本の滑走路と、木造の小さな待合室があるだけだ。手荷物は、飛行機から積み替えられてきた小型自動車からじかに渡された。土地の人は我先にと番号を大声で荷台の上の人に告げ、荷物を持って行く。あとでわかったことだが、早くしないとタクシーが行ってしまうからだ。

私が自分の荷物を手にした時は、すでにタクシーは一台もなかった。知り合いがいるわけではない。何のつてがあるわけでもない。まだ観光化されていなかった当時の石垣島は、フラリとやってきた者には、ひどくとっつきにくい場所に思われた。飛行機から降りた人たちはタクシーに乗り、出迎えにきた自家用車に乗り、あるいは知り合いの人の車などに乗せてもらい、おおかたが去ってしまったあと、サトウキビ畑の中にポツネンと数人が残された。

太陽はジリジリ、白い道とサトウキビと脳天を焼く。心細く、せめて木陰を求め、思案にくれていると、客を一度市内まで運んだに違いないタクシーが折り返してきた。行くあてもなく、「どこか旅館を」との頼みに運転手が快く応じてくれた時には、ホッとしたものだ。

二泊の予定の石垣島で、島を一周する観光バスに乗らなかったら、沖縄が、私にとって特別な地にはならなかったに違いない。ただ海が見たい、という茫漠《ぼうばく》とした目的の一人旅の時間の過ごし方を決めかねて、私はごく平凡に観光バスに乗った。


港のそばのバスターミナルを発して、桃源寺やヤシ林など、数少ない観光の目玉商品を出し尽くしてしまうと、観光バスはガタピシと海沿いの道をひた走りながら、すり切れたテープで豊富な八重山民謡を流し、その合間合間に、裏石垣のいくつもの村の興亡を語った。

すり切れたテープが八重山民謡に織りまぜて紹介していたのは、おびただしい数の廃村跡だった。明和の大津波で消滅した村、マラリアで絶滅した村、台風や旱害《かんがい》で人口が漸減《ぜんげん》した村、戦後開拓に入ったが、貿易の自由化でサトウキビの値が下がり、生産費があわず離農していった村、いや、ひとつひとつの理由が、どの村にもあてはまった。裏石垣一帯はマラリア多発地域であり、台風に晒《さら》され、たびたび旱魃《かんばつ》に見舞われる。にもかかわらず蔡温《さいおん》の時代から、裏石垣への移民は繰り返され、村を興し、そして、そのいくつかは村として定着できずに無惨にも消滅していったのである（前出「南の島の新村興亡」参照)。

観光バスがまわったのは、そうした村の跡であった。かつて村であったという所に茫々《ぼうぼう》と草が生え、廃屋に亜熱帯の執拗な蔓《つる》がまきつく。燦々《さんさん》とふりそそぐ光の中で、ピンクやブルーやクリーム色の壁面をまぶしく反射しているのは、あまり使われていそうもないコンクリート建ての公民館だ。まだ村の面影を偲《しの》ばせているのは戦後廃村になった跡、それ以前に廃村になった村はその跡さえなく、鬱蒼《うっそう》とした木々が枝をからませているばかりである。置き去られたように見える人家は熱射を避けてか雨戸を閉ざし、通風のためにわずかに戸一枚ほどを開けた家の中をバスの窓から覗くと、そこは黒々とした闇だ。

強い光の中でピンクやブルーやクリーム色の壁面をキラキラと輝かせていた公民館と、それとは対照的に、居残った人家のわずかに開かれた雨戸の合間から見えた闇が、私の眼底に焼きついた。光が強ければ強いほど、それと反比例するように、家の中はますます闇の濃度を深くしていた。あの闇の中で人びとはどのように暮らしているのだろう。強くまぶしすぎる光の中の闇、私が沖縄へ誘い込まれたのは、確かにあの闇の中からである。

観光バスは西回りで島を一周したから、裏石垣に行く途中、川平湾《かびらわん》に寄ったに違いない。その前日、竹富島で泳ぎ、沖縄の海の美しさの洗礼をすでに受けてはいたが、向かいの小島の島影を蒼緑色の海面に映した川平湾を見た時、海のかなたに理想郷《ニライカナイ》があるという沖縄の人びとの信仰に触れたような気がした。透明な海水が白金色のリーフを透かし、次第に深さを増してエメラルド・グリーンから藍色に変わっていく身もとけそうなほどに美しい海のかなたに、人びとがニライカナイを想い描いても不思議ではない。

映画『神々の深き欲望』では、終わりのころに、一組の男女が「神様になるんだ」と叫んで、それまで住んでいた確執の多かった島を抜け出し、新たなる島、おそらくはニライカナイを目ざして豚や鶏や家財道具を舟に積んで夜の海に漕ぎ出す場面があった。映画の中では男女は時化《しけ》にあい、島からの追手にとらえられてしまうのだが、先島の小さな島々は、ニライカナイを目ざして島へ渡った人びとによって興されたに違いない、と私は勝手な神話を作りあげた。

いま思い起こしてみれば、石垣一周の観光バスは実に象徴的に歴史の輪廻のある側面を見せてくれた。ニライカナイを想像させる川平湾と消え去った村の亡霊、使用前と使用後の広告写真のように夢と現実、あるいは神話と歴史が紙一重のところで折り重なっていたのである。

ノロ家《ヤー》を継ぐ儀保《ぎぼ》夫妻との出遇い

儀保《ぎぼ》家がノロ家《ヤー》であるにもかかわらず、安喜・繁子夫妻が満州に移民したことは、偶然に知った。儀保家には、ほかの件、つまり、戦時中、この近くに慰安所があったはずで、当時のことを聞きたいと思って訪ねたのであるが、「私たちは満州に行ってましたから、ここのことはわからんですよ」という返事が返ってきた。慰安所について知る人は、もう今はこの近辺にはいないということで、そのこと自体は残念であったが、満州へ行っていたという繁子さんの言葉が耳にとまった。

沖縄から中南米やハワイ、また南洋諸島へ移民した人は多い。『沖縄縣史7・移民』の冒頭に沖縄の若い女性が〝大陸の花嫁〟としての訓練を受けている写真が載せられているのを見て、温暖な沖縄から極寒の満州へという移民政策をひどく奇異なものに感じてはいた。が、実際に満州移民した人に会うのははじめてである。しかも、儀保家はノロ家である。〝ノロ家〟と〝満州移民〟という結びつきが不思議な印象であった。私は儀保夫妻の体験を聞きたいと思った。

いや、私がそう思う前に、沖縄を知らない旅の者に、儀保夫妻は〝ノロ家〟という家筋がどのようなものであるか、話しはじめていた。

繁子さんは大事そうに木箱に収められたタマガハラを見せてくれた。それは、六〇〇年以上も前、琉球王府からノロに授《さず》けられた一〇八の玉だという。真ん中の大粒の勾玉《まがたま》を挟んで半透明の緑色の玉がズシリと重そうに並んでいる。一〇八はなさそうだが、と内心思っていると、六〇〇年の長い年月のうちに糸が切れるなどの際に、一つ減り二つ減りしていまは八十数個になったのだといった。何代にもわたるノロが拝みをする時に、白い神衣を着、首にかけたものだ。

「六〇〇年余りも前に王様からどこそこのノロは誰それと決められて、一〇八の玉、タマガハラというの、くださった。戦前は化粧品代いうて、銀行から渡しよったですよ。ノロは夫を持ったらいけん。けれどどここの長女は嫁入りしたもんですからノロの権力はないといって、戦後はこれがなくなって……」

『沖縄文化史辞典』（琉球政府文化財保護委員会編・東京堂刊）によればノロはヌルとも呼ばれ、「沖縄本島区域で公儀の祭祀を司《つかさど》るために村々におかれている女の神職をいう」とある。つまり、「村という共同体の祭を司祭するのがその本分」で、領主の繁栄、村落の平和、五穀の豊穣、航海の安全、風水旱害の防止などを祈るのである。また、「ノロの出る家柄は決まっており、ノロには王府から勾玉《まがたま》・神衣裳・銀の管・鳳凰扇などが与えられ、それは世襲された」とある。

繁子さんの見せてくれたタマガハラは神衣裳、金あるいは銀の簪《かんざし》、鳳凰扇などとともに王府から与えられた勾玉なのである。古くは王府から辞令が交付される時にはノロ田やノロ畑が支給されていたが、廃藩置県で琉球王府が崩壊すると、ノロに対する処遇が検討され、明治末期から、拝所維持元資金として公債と現金が与えられ、その利子が祭典費用にあてられるようになったのである。繁子さんが〝化粧品代〟と称していたのは、これら祭典費用としてノロに与えられた役俸のことだ。

〝化粧品代〟という呼称の仕方がひどく生活に即した言葉に聞こえたが、その額は、化粧品代程度のものであったのだろう。ノロの権勢の大小によってその額が決められたのであるが、時代とともに進行したインフレによって、その価値が次第に下がってしまったのかもしれない。

同著にはまた、村落の中にあって、人々のいわば精神的よりどころであったノロについて次のように記している。「ノロは村人から生き神さまのように見られ、その住居は殿内《とのち》と敬称し、祭の時には白馬にまたがり白衣の神として村人から拝まれた」。

村人から〝生き神さま〟とも〝白衣の神〟とも拝まれたノロの、その家筋の儀保夫妻は長男夫婦である。儀保夫妻はノロ家を継ぐ立場にあり、ノロを安喜さんの伯母から継ぐ妹の生活面での責任を負うはずであった。ノロの住まう殿内は一般にはノロドゥンチと呼ばれ、ニライカナイへのお通しの神である火の神が祀られていたが、そのノロドゥンチのきりもりをするべき儀保夫妻がこの地を離れることは、ノロドゥンチの荒廃につながりかねなかったのである。

ノロは、伯叔母から姪へと継承された。活字でその知識を得た時には、それはひどくわかりにくい関係に思えた。だが、儀保夫妻の説明を聞いていると、スムーズに理解することができた。代々継がれるノロ家の長女がノロをひき継ぐのである。つまり、ノロ家の〝家〟を継ぐのは男子、多くは長男であるが、ノロを継ぐのは長男夫婦から生まれた長女である。ノロは結婚しないことがたてまえであるから、子どもは公にはいないはずだ。次代のノロになるのはノロの兄弟の娘である姪が継ぐ。儒教や仏教の影響が少ない沖縄では、家父長制の歴史は長くはないはずだ。家父長的な〝家〟を基盤にした伯叔母から姪へというノロの継続もまた、比較的新しいといわれる。

それにしても、兄夫婦、あるいは弟夫婦が中心の家族と一緒に暮らす、夫を持つことが許されなかったノロの生活とはどのようなであったのだろう。兄の家族、弟の家族を、独身であるノロはどのように見ていたのであろう。そんな想いにとらわれていると、儀保夫妻は、

「内緒で夫を持ったですよ。子も生んだですよ」

といった。ノロは、たとえ夫を持ったにしてもノロ家の墓、ノロ墓に入ることになっている。儀保夫妻は、戦争中、米軍の攻撃で破壊されてしまったノロ墓を戦後作り直そうとユタ（占者）に相

談しに行ったことがある。すると、

「ノロの霊が自分の夫の所にもどりたいもどりたい、いうてですねェ、それで魂だけ帰しましたよ。遺骨は艦砲でなくなっているから、魂だけ、土を持っていってる」

というエピソードをつけ加えた。戦争でノロドゥンチは焼け、ノロ墓も艦砲を受けて木端微塵に吹きとび、跡形もなくなったノロ墓のあったあたりの土を遺骨がわりに持ってきたというのである。そのようにして、儀保夫妻は三人のノロの霊をノロ墓から夫の元へ帰したという。

沖縄を旅していると、戦争がまるでつい最近終わったばかりであるかのように、人びとの意識がスルリと三十数年前に駈け抜けるのにしばしば出遇う。自分たちの住む村や町が戦場となった沖縄では、一〇〇万の県民誰もが遺族である、といわれるほどに、身近な人の死に遭っている。

そして自らも生死の境界線上を彷徨《さまよ》った戦時の記憶は、ほんのささいな触発でいつでも容易にぱっかりと、その傷口を開いてしまう。たとえば九州方面に疎開して〝沖縄戦〟を体験しなかった人びとは、「こちらにいた方には申しわけないのですがね、疎開命令が出てまもなく鹿児島のほうに疎開しましたから」と、亡くなった人の霊や沖縄戦の体験者に一言詫びを入れてから自らの一九四五年前後を語るのである。儀保夫妻も沖縄戦は経験していないが、〝もうひとつの沖縄戦〟ともいうべき戦争体験を経てきている。それは、小さな島沖縄から、新天地を求めて出て行った移民たちの戦争体験である。

安喜さんの臑《すね》は骨に沿って細長く窪み、窪んだ部分は細かく凹凸しながら皮膚がひきつれている。それは、農業開拓団として満州へ移民し、そこからビルマへ召集された時に受けた傷である。廊下に投げ出された安喜さんの臑のひきつれた窪みを目にした時、戦争が儀保夫妻にどのような痕跡を残したのか、私はあれこれと想いをめぐらした。

「私は機銃員だったですからな。戦争しながら自分の弾が爆発して、自爆してる。二回やった。二〇〇人ぐらいおったですけどな、私ばかり、弾を（機銃に）突っ込む時、端にかかる。信管はなんにでも当たったら爆発する性質を持ってるから、それで自爆してる。飛行機は毎日来おった。カルカッタから、インドからビルマに来おった。多い時は三〇機ぐらい、少ない時で一〇機ぐらい。毎日来おる」

古くは薩摩藩が沖縄を侵略し、さらには明治政府は琉球王府を亡ぼした。明治以降の近代日本は、いわば琉球王府を亡ぼした侵略者である。侵略者の軍隊に沖縄の男たちが狩り出された、という歴史の不条理を私は受けとめかねていた。

「言葉がわからんから難儀じゃった」

安喜さんの臑の窪みのひきつれは、皇軍の中に置かれた言葉の不自由な沖縄兵の、機銃に弾を装《そう》填《てん》し損ねて、自らその弾にあたった結果なのであった。

武装移民として満州開拓へ

儀保夫妻が満州へ渡ったのは一九三九（昭和一四）年である。儀保夫妻はノロ地も含めて、かなり広い耕地を持っていた。だが、一四人という大家族で、食べるのが精いっぱいの生活である。安喜さんの両親をはじめ、次男、三男家族も同居し、広い家ではあったが、子どもが生まれると寝る場もない。

「親の時代は貧困家庭だったんですよ。畑ばっかりたくさんあって、親の所帯だから働いても働いても、親にとられて金はないで、とっても不自由だったわけ」

満蒙開拓団募集の噂を聞いた時、満州がとても寒い所だと聞いていたし、知らない土地ではあるし、繁子さんは行く気はなかった。その繁子さんが満州行きを決意したのは、小さな出来事がきっかけになっている。

繁子さんは、子どもたちには古いものではあったがきちんとつぎあてをして、洗濯し、ピシッと糊のきいたものを着せていた。ある日、三年生になった長男が、学校から帰るなり、怒っていった。

「もう、絶対こんな服なんか着て行かんよ」

朝礼の時間に女の教師に台の上に立たせられたというのだ。

「皆さん見てごらんなさい。どんな古いきものでも、どんな破れたきものでも、こんなにきれいにふせて（つぎをあてて）、きれいに洗濯したのと、新しいものでも汚れているのとどちらがいいで

府県名	出移民数	住民10,000人に対する出移民数
沖縄県	2,453人	429人
和歌山県	827人	110人
広島県	1,067人	69人
熊本県	725人	59人
山口県	530人	51人
滋賀県	298人	46人
鳥取県	203人	45人
福岡県	880人	40人

府県別出移民数および住民10,000人に対する出移民数(1925年・大正14年)

すか」

女の教師は長男をよい手本として朝礼台に立たせたのであろうが、一〇歳ぐらいの男の子にとっては、いくつもつぎのあたった服を披露されるのは、顔から火が出るほどの屈辱であったのだろう。繁子さんは、「こんな貧しい暮らししてからに、子ども縮まらせたらいかん」と思った。

「学用品買うのにとっても苦労して、(自分の)親元に走ってお金を借りに行ったりしよったもんだから、こんなふうでは子どもの教育もできない」と思ったのだ。

沖縄からの満州移民は、一〇〇〇人前後、義勇軍を加えても一五〇〇人ぐらいであっただろうといわれる(『沖縄縣史7・移民』)。中南米やハワイ、カナダ、また東南アジアやオセアニアなど、沖縄からの移民は広い範囲にわたり、その数も、住民一万人のうち出移民数は四二九人と全国一位、しかも二位の和歌山県一一〇人を大きく引きはなしている。沖縄県出身の海外在留者は二世も含めると約一七万人と推定され、いかに多くの移民が沖縄から出ているかがわかる。移民県といわれるゆえんであるが、その中で満州への移民は義勇軍と合わせても約一五〇〇人と、全体から見れば少数である。

儀保夫婦は畑を売った代金四〇〇円を持って渡満する。武装移民であった。

「私たちは武装移民ですからな、機関銃でも何でも持っている。武装移民は兵隊の経験のある人、私は海軍に行って来た。大正一一年兵です。津嘉山《つかざん》では調べられて行ったのは私がはじめてですから。はじめは第一艦隊、二回目は上海警備隊、支那に半年ばかり。旅順にいました。満州へ行ったのは四〇歳近くになる」

儀保安喜さんは一九二二（大正一一）年に応召している。南風原《はえばる》町津嘉山ではそれがはじめての召集であった。渡満はそれから一七年後のことだ。約半年間を旅順で過ごした安喜さんにとって中国大陸はまったくはじめての土地ではない。

満州移民は一九三二（昭和七）年から開始されるが、よくいわれる農村の過剰人口対策とともに、もう一つ別の目的を持っていた。それは軍事的なものである。一九三一（昭和六年）年、柳条湖付近で満鉄線路の一部爆破という謀略をきっかけに、関東軍は中国大陸東北部の武力占領に乗り出し、その翌年には傀儡《かいらい》国家満州国を打ち建てた。だが、実際には関東軍が掌握していたのは満鉄沿線の都市部だけで、農村地域を跋扈《ばっこ》する匪賊の武力弾圧には限界があった。農民の恒常的な窮乏状態を背景に満州では古くから匪賊が出没していたが、関東軍をおびやかしたのは共産匪あるいは政治匪と呼ばれた抗日ゲリラである。こうした農村地域に長期的に屯墾《とんこん》隊（武装開拓民）を置くことによって治安持維を図ろうと考えたのである。また、対ソ国防という意図もあったことは、満州開拓民がソ満国境線に沿って配置されたことを見れば明らかである。

小林弘二著の『満州移民の村』（筑摩書房刊・一九七七年）によれば、武装移民が満州へ送り込まれたのは、初期の試験移民期で、土地をとりあげられた中国農民と武装移民のあいだで起こった土竜山事件《どりゅうざんじけん》以降、「武装移民的色彩の払拭《ふっしょく》に関係当局はたいへん気をつかう」ようになったことが記されている。だが、同著でも指摘されているように「たとえ装いを少しばかりかえたからといって、満州移民の治安維持目的が失われたわけでは決してない。否、むしろ治安目的、国防目的が優先したからこそ、土竜山事件という大きな犠牲を払ってもなお、移民が強行されたのである。数年のちには、老人、子供を多数かかえた分村移民が、治安、国防の第一線に続々と送り込まれることになった」のである。

儀保夫妻が満州へ渡ったのは、関係当局が「武装移民的色彩の払拭」にたいへん気を使うようになってから五年後のことである。だが、関係当局が気を使ったとは、さして、考えられない。武装移民には軍隊経験のある者が募《つの》られ、多少の銃器を所持していた。

「敵が来た場合、連絡する人が決まっている。団には機関銃があるから、あぶないと思ったら機関銃呼ぶ。だから匪賊は来よらんわけです。武装しているから」

儀保夫妻が入植したのは浜江省五常県小山市である。哈爾浜《ハルピン》の近くであった。九州の七県と沖縄の出身者から成る開拓団は、九州村開拓団と呼ばれた。全体の戸数は約一七〇戸、そのうち沖縄出身者は二〇戸であった。本部を中心にそれぞれ県別に部落が形成されていた。開拓団といっても満州の場合、必ずしも入植者が未墾地を開拓するわけではなかった。中国農民の耕作地、あるいは朝鮮人がすでに開拓した土地を満州拓殖公社（後には満州国政府総務局）が軍事力を背景に強制買収し、そこに日本の移民が入ったのである。朝鮮人の満州移住は一九一〇（明治四三）年の日韓併合後に急増した。朝鮮半島で行なわれた「土地調査事業」や「産米増殖計画」などの植民地政策によって、土地を日本人地主に奪われた朝鮮人農民が追われるように満州へ流入した。満州の朝鮮人農民は二度、日本の侵略者によって土地を追われることになったのである。はじめは故郷の朝鮮半島において、二度目は苦難の末に開拓した満州で。しかも、土地をとりあげられた朝鮮人農民の割合は、中国人農民よりもはるかに多かった。それは、「もっぱら朝鮮人農民によって耕作されてきた水田に日本人移民が強い執着を示したからである」（前出『満州移民の村』）

九州村開拓団が入植した土地も既耕地だった。団員に割りあてられた土地は一〇町歩（約九・九ヘクタール）という広大なものだ。入植してから四年間は団長が選ばれ、団員らの協議によって共同で営農されたが、五年目からは個人経営になった。

儀保家では、個人経営に移行する時期と安喜さんが再び召集された時期が重なった。残された繁子さんは中国人と朝鮮人を苦力《クーリー》として使って耕作した。それは入植者の共通の営農方法であった。

「朝は、〝あんた方、ごはん食べたねぇ？〟って来るんですよ。〝なぜそういうね？〟って聞いたら、昔はもうしょっちゅう洪水で、日本人が行ってから川も整理して、排水もして、洪水はなくなったけど、昔はめったに朝飯なんかありつけなかったって。それで〝朝ごはん食べたねぇ？〟って来るんですよ。〝ネェ（ハイ）〟っていったら、〝謝謝《シェシェ》なー〟って、ありがたいなあっていうんですよ。もし残っていたら、〝あんたも食べなさい〟と食べさせたら、とても喜んでね、〝今日は何の仕事か？〟〝今日は何（を手伝うこと）ができるか〟といってたずねてくるからね。とってもしやすかったですよ」

大日本帝国の侵略者の手によって治水工事が施され、しばしばあった洪水が少なくなっても中国人や満州にいた朝鮮人の朝食ぬきの生活が変わったわけではない。朝、食事もせずに中国人や朝鮮人は儀保家にその日の仕事を探しに来た。繁子さんは、そうした中国人や朝鮮人に食事をたっぷりと用意して働いてもらった。

「福岡とか長崎方面の人は苦力飯《クリめし》いうてね、粟《あわ》とかとうもろこしやら、あんなのたくさん入れて、米を少しで炊いてくれよったんですよ。うちはその反対に、五人でも一〇人でも雇う時は白米のごはん炊いて、自分で食べるだけ少しとってからに、おつゆでもごはんでも、みんな座らして、真ん中に持って行って〝さあさ、あんたたちのために炊いたんだから、たくさん食べなさいね、たくさん食べてたくさん働いてくださいね〟っていうんですよ。〝謝々〟といってとても大喜びして食べるから、仕事もよくするさね」

九州村開拓団員の多くは、中国人や朝鮮人を雇う時、自分たちの食べるのとは別に米よりは雑穀の多い食事をつくって与えた。〝苦力飯《クリめし》〟と、日本語と中国語を折衷《せっちゅう》した造語ができるほどに、開拓団のあいだで苦力《クーリー》には雑穀の飯を用意するということが習慣化されていたのであろう。繁子さんは苦力飯は作らなかった。中国人や朝鮮人に一生懸命働いてもらいたかったからだ。

「他の人は〝仕事頼まれん、頼まれん〟いうけど、うちは一〇人でも一四、五人でもいつでも来てくれるから」

繁子さんは雇う中国人と朝鮮人の扱いについてこんなふうにいう。

「満人は、おい、王《ワン》、何しなさい、オイ、コレ、といって蔑《さげす》んで話をしても怒らんのですよ。だけど朝鮮人は、うちらも同じ日本人だといわんばかりでですね。あの人たちを呼ぶ時に金さん、って、〝さん〟をつけなかったらごきげん悪いの。だから、朝鮮人使う時は言葉の使いようからていねいに使わんといかん。気性が満人とぜんぜん違う。それで、満人は水をとってもこわがる。朝鮮人はそればかりが仕事だから、（水田の）ヒエをとるのものすごい早い。そのかわり、ごはんをくれる時は気ィつけてね。満人はごはんさえあればおかずはどうでもいいさ」

朝鮮人には〝さん〟づけで呼び、中国人に対しては呼び捨てにしたという開拓団の姿勢は、中国人や朝鮮人の気性によるというよりも、開拓団員らが当時の日本帝国主義の精神を忠実に反映したものであっただろう。つまり、日本の植民地であった朝鮮に対しては様々な皇民化政策が打ち出され、たてまえとしては朝鮮人は大日本帝国の臣民であった。一方、傀儡《かいらい》国家満州国を打ち建てたとはいえ、その基盤は脆弱《ぜいじゃく》で、日中戦争は継続されており、中国人は敵性国民だったのである。天皇を頂点として日本人、沖縄県人、朝鮮人、中国人という帝国主義侵略思想による序列が開拓団の苦力を雇う際の呼称に反映されていた。

しかし、繁子さんが朝鮮人を〝さん〟づけで呼び、中国人を呼び捨てにした時、同時に、九州村開拓団の中で〝沖縄部落〟は他県の開拓者から蔑視される、という関係があった。それは、ちょうど安喜さんがビルマで〝皇軍〟としての働きを遂行している過程で、他府県出身者らに〝沖縄兵〟が特別視されたのと同様である。

満州開拓者の役割は、〝政治匪〟〝共産匪〟出没地帯の治安維持や対ソ国防という軍事的なものに加えて、さらに重要な仕事が担わされていた。それは中国大陸にいる日本軍への農産物の供出である。しかし、日中戦争から太平洋戦争へと戦局が拡大していく中で、満州において、間接的にしろ軍事的役割を担わされていた開拓団の男たちにも召集がかかり、一人減り二人減り、気がついた時には女や子どもたちばかりが残されていた。

「女だって出荷たくさん作って……。隣の人なんか出荷も全うしきらんですよ。その分までうちが出してやった」

開拓団の女たちの肩にズシリと食料供出の重みがかかってきた。が、繁子さんは割りあてられた量以上の供出をすることができた。それは、開拓者の多くが雑穀ばかりの〝苦力飯〟で中国人や朝鮮人を荒使いする一方だったのに対して、より多く働いてもらうためには、なるべく気分よく働いてもらわなければ、という繁子さんの心遣いに大きく依るところがあったのだろう。

供出を規定量より多く出すと、例えば綿布など、他の配給がその分増えた。あらゆる物資が統制されていく中で、わずかな配給品は貴重であった。繁子さんは必要以上の綿布は中国人に売った。

「今度配給が来たら売ってね」

繁子さんが供出を多く出しているのを知って、待っていたからだ。

繁子さんは、長男の旧制中学校への進学を、試験が受かったにもかかわらず諦めている。

「沖縄から誰か上の学校へ入って学問する人いなかったら他府県から馬鹿にされるから」

担任の教師はそういって長男の進学を勧めた。繁子さんも息子に学問をさせたいと思って試験を受けさせた。試験には合格した。

だが、もうすでに戦局は悪化する一方であった。

農産物の供出を義務づけられ、その責任を負わされている開拓団長は殺気立って儀保家へ飛んできた。

「あんた、学問しに満州まで来たのか、農業しに来たのか、何のために来たんだ。開拓団は農業して供出するのが仕事だろ。お父さんはいない。何十トンて穀物（の供出）は出る。お母さん一人じゃできんだろう。それでもいいのか」

小さい時から農業をして育った繁子さんには自信はあった。それまでも、いつでも規定量より多く供出してきたのだ。だが、開拓団長の強い反対にあって、結局長男を中学校へ入学させることはできなかった。

それからしばらくして、徴兵年齢が一年繰り下げられて一九歳になった時、長男も召集を受け、出征した。

侵略国の崩壊、そして立場の逆転

一九四五年八月九日、ソ連は日ソ不可侵条約を破って日本に対して宣戦布告、と同時にソ連軍が満州へ怒濤《どとう》のように進撃してきた。情報をつかんだ軍上層部はいち早く満州を南下してしまっている。手薄なソ満国境の日本軍の前線基地は後方に撤退し続け、国境沿いの開拓村は置き去りにされた。ソ連軍の前に晒された開拓民は築きあげた財産をすべて投げ捨て、自力でその場を脱出しなければならなかった。

ソ満国境線沿いの開拓者らの避難行はソ連軍侵入と同時に始まり、続々と中国大陸を南下した。だが、満州のほぼ中央、哈爾浜《ハルビン》近くにあった九州村の開拓者らには、日本の〝敗戦〟は首をしめつけられるようにじわりじわりとおし迫ってきた。

日本がポツダム宣言を受諾すると間もなく、武装移民であった九州村開拓団も武装解除された。男たちの多くは召集されており、残っていた数少ない男たちも、働ける者は皆敗戦と同時にシベリアに連行されて、開拓団に残ったのは病弱者か老人、それに女と子どもたちである。

九州村は心細い限りとなった。それまで匪襲を受けなかったのは、九州村が武装移民であったというよりは、その背後の日本軍の存在が大きかったろう。日本軍が武装解除されると、あちこちの開拓団が匪襲を受け、ソ連兵の襲撃に晒された。怨嗟《えんさ》をつのらせた現地の人びとの報復の噂《うわさ》もひたひたと攻め寄ってきた。

「終戦になって、自分たち武装移民だったのが武装解除になってね、何もかもとられてしまって。今度、こっち（開拓者）を、悪い人殺す、といってね。だから酋長《しゅうちょう》さんがね、どこどこ通るなよ、通ったら誰だれを殺すといって待ちかまえているから、と、すぐに教えに来よったからね」

繁子さんのいう酋長さんは、沖縄でいえば区長のような立場の人だそうだ。繁子さんはその〝酋長さん〟と前から親しくしていた。それで、日本が負けてからも折にふれ、めんどうをみてくれたのである。

日本人に強制買収されて土地を失った中国農民や朝鮮開拓者たち、貧しさにつけ込まれ、低廉《ていれん》な報酬で働かなければならなかった苦力たち、南京虐殺に見られるように何の理由もなく日本軍に家族の生命を奪われた者もいる。それまで押し込められていた怨念が、日本の敗戦と同時に、ブスブスと噴出してきたのである。侵略国の武力をカサに傲岸《ごうがん》に振るまい通してきた、胸に覚えのある者は内心おびえていた。

が、満州帝国が崩壊し、中国大陸に居留する権利を失った開拓者、その時はもう避難民となった者たちが最も恐れたのは匪賊であり、ソ連兵である。

繁子さんらはある日、女たちばかりで豚を殺し、豚味噌を作ろうとしていた。豚肉を湯通しし、酒、砂糖、味噌で味つけしていためておくと、暑い時期でも一週間、冬なら一ヵ月は保存できる。豚味噌は豚肉をよく食べる沖縄の人びとがする肉の保存法なのである。いつ移動命令が出るかわからない。どうせ家畜類は置いていかなければならない。それなら、と、四軒単位でつくられていた隣組の女たちを集めて、繁子さんは豚をつぶす気になったのだ。豚をつぶすのは、祭りか祝い事がある時くらいだし、もうしばらく豚肉など食べてはいない。明日がどうなるかもしれない不安の中で、それでも女たちはいくぶん心を浮き立たせ、慣れない手つきで豚をつぶした。

ようやく皮も剥いで、肉を分け、調理すればよいだけになった時、組長が、

「匪賊が来た」

という。

繁子さんらはあわてて、肉はその場に置いて、きものだけでも持って逃げようと、それぞれの家に帰った。すると、開拓団長が来て、

「お前たちは命が惜しいのか、品物が惜しいのか」

と、ものすごい剣幕で怒っている。繁子さんは家に鍵だけかけて、せかされるままに本部へ逃げた。匪賊がいなくなったころを見はからって部落へ帰ってみると、持って逃げようとした二つのリュックはない。肉もない。リュックには、いつでも持ち出せるように大切なきものや、防寒服などをつめておいたのだ。

繁子さんは間もなく迎える極寒の冬をどうして過ごそうかと途方にくれた。

「そしたら自分の畑、トウモロコシ畑の中にリュックあるのよ、上等のきものを入れたのはないが防寒服入れたのはあった。ヤレヤレよかった、と思ってね」

一週間後には繁子さんが大事にしていた琉球絣《かすり》のきものが泥棒市場に出ていた。

開拓団の女たちは、金や貴重品のかくし場所に知恵をしぼる。服につぎ当てをしたようにして縫い込んだり、土で作る竈《かまど》に埋め込んでおいたり……。だが匪賊たちは造作もなくそうした細工を見破り、衣服をはぎ、竈を鉄棒で叩き割って行った。

一一月のころだった。八路軍の兵士が来た。

「息子はどこへ行ったか」

「親父と食料探しに本部へ行った」

繁子さんは嘘をついた。安喜さんはビルマへ行ったきりである。

八路軍は、強く、そして規律ある軍隊だったといわれている。だが、その時繁子さんは、八路軍の兵士は息子の防寒服が目当てで来たのだ、と思った。そう思って、防寒服を股の下に敷いて隠し、さらにまわりにぼろをつんで縫いものをしている振りをした。入口はひとつである。兵士は銃口をこちらに向けている。今度の冬、この防寒服がなかったら凍え死にさせてしまう。もし発砲でもしたら、義勇軍を呼ぼう。胸が激しく動悸しているのをひた隠して、そう必死に思っていた。沖縄部落の近くには満蒙開拓義勇軍の宿舎があり、まだ引揚げずにいたのだ。

そんなことが何度も繰り返されるようになって、開拓民らは本部に集まって共同生活をするようになる。しかし、共同生活を始めたからといって決して安全というわけではない。ソ連兵がやって来た。繁子さんは一三歳の次男の身体に金を巻かせておいた。

「子どもは調べないから、あんたは窓の外を何気なく見ていなさいよ」

大柄なソ連兵の出現にすっかり肝《きも》をつぶしている次男を繁子さんは小声で勇気づけた。部屋には女たち四、五人と子ども二、三人いた。ソ連兵は指輪や時計をほしがる。息子は、

「お母さん、出してやろうね」

といった表情で合図する。

「馬鹿馬鹿、だまって窓の外見ていなさい」

繁子さんも目で合図した。

ソ連兵は部屋にあったトランクを持ち出して行った。それは同じ開拓団で亡くなった人の遺骨がおさめられていたものだ。どうせ中身は遺骨だから持って行かないはず、繁子さんらはそう思っていた。案の定、ソ連兵が立ち去った後、外へ出てみると、遺骨は道に捨てられていた。

「とっても身体が大きい。ロシア兵は」

繁子さんはそういう。女と子どもが多い無防備な開拓者らには、ソ連兵がひと際大きく見えたのだろう。

夜中、ソ連兵の襲撃を受けたこともある。繁子さんらは持てるだけのものを持って山に逃げ、夜露と湿気に一晩中ふるえながら一夜を過ごしたが、その夜のソ連兵の襲撃の的《まと》は若い女たちにしぼ

られていた。二、三人の女が連れて行かれ、翌朝になると、毛布など、たくさんのみやげを持たされて帰ってきた。ソ連兵に犯された女が首をくくった、とか、あるいは、狂女になった、という話は満州引揚者たちからしばしば聞く話である。それはかつて、日本兵が中国大陸においてした行為と同じである。そして多くの他国を侵略していく時の軍隊に共通する蛮行《ばんこう》である。

「そして、半年もたたんうちに味噌もない、塩もないからね。何もないことになってしまったんで、満人部落に行って味噌でも塩でも少しでももらって来ようかといって、行くとよ。使っていた人の家を訪ねて。そうすると、〝メエヨ、メエヨ〟、なんにもない、というんですよ。うちらにもなんにもないという。〝あんた方なんかは今までは贅沢《ぜいたく》にしていたのに敗けたから貧乏になってかわいそうね〟という表情でいうんですよ。

〝そうね（そうですか）〟といって帰ってくる。そしたら、四、五人つないで行きよったからね、〝儀保さん、来来《ライライ》〟いうんですよ。何かね、と思って行ったら、〝塩もあるから持って行きなさい。味噌もあるから持って行きなさい〟いう。さっきはないからといってくれんのに、〝なぜ人が帰ってからこんなにしてくれるの〟と聞くと、〝たくさんの人にくれるものないけど、あんた方にいままでよくしてもろうたから、それでくれるんだよ〟といって。だから、人間はどこに行っても自分がようしとけば、相手がそんなに見てくれるからね。どこにいても人を愛さねば自分が損ですよ」

開拓者らは、自分たちが雇っていた中国人の家を一軒一軒訪ねまわって、それまで汚ないと見向きもしなかった岩塩を何度も頭を下げてもらってきた。

〝皇軍〟は解体し、〝国家〟という後楯を失い、異境に放り出された女たちの多くは、まだ幼い子を抱え、自らの手でわが身とわが子を守らなければならなかった。繁子さんは肝をすえ、匪賊やソ連兵とわたり合う術を身につけ始めていた。だが、その時は、何もかも失い、ただひたすら生き延びなければならないところまで追いつめられていた。

生死の境界線上をゆく避難行

五常県の開拓村に引揚げ命令が下り、もう間もなく出発という時期に、避難民は次つぎにコレラで倒れた。

「コレラに一人がかかったら次つぎコロンコロン死ぬんですよ」

四軒で作っていた隣組の中からも死者がでた。近所でも二、三人の人がバタバタと亡くなった。コレラと思われる病人は隔離部屋に入れられたが、共同生活の中で病原菌はまたたく間に散りばめられた。三人の息子も病に冒された。

「ボコンボコンみんな死ぬでしょ。昨日はあそこ、今日はこっち、どんどん死ぬ。うちらも、もう子どもは諦めなさいよ、といわれて、仕方ないさぁ……」

と繁子さんは諦めていた。死者を焼くのがまるで、開拓村にわずかに残っていた男たちの仕事であるかのような幾日かが続いた。

女たちも次つぎ倒れて、元気でいるのが不思議に思えるような状況の中で、繁子さんは一人でみんなの炊事係を引き受けて忙しく働いた。その過労のためだっただろうか。避難民の宿舎を病魔が一巡して、歯がこぼれ落ちたように、そちこちの家族が減り、だが回復する者は回復して、その猛威がおさまったかに思えた時、繁子さんは倒れた。引揚げの日が目前に迫っていた。幸い、息子たちは元気をとりもどしていた。

手足は冷たくなり、目はかすみ、口もきけない。けれど、耳だけは不思議に聞こえた。

「明日は儀保さんの葬式だからね」

そういう坊さんの声が耳に入った。

「うちなんか、もう、死んでおったんですよ。手も足も冷たくなって。今日は誰、明日は誰って、うちも葬式に焼かれる順番に入っとったんですよ」

意識の遠のく中で繁子さんを助けてくれたのは一人の敗残兵だ。その兵士は、開拓民の中にまじって民間人を装っていたが、ある日、八路軍に見破られ、皮バンドで繰り返し叩かれていた。皮バンドが敗残兵の肉に当たる鈍い音を聞くに耐えられず、繁子さんは夢中で八路軍兵士と敗残兵のあいだに入った。そして、食べるもののない敗残兵に、分配されるわずかな食料を分けてあげていたのである。敗残兵の姿に繁子さんはビルマに行った夫を偲《しの》んだ。日本が敗戦となって、夫は異境でどのように生きのびているのか。

その敗残兵が耳もとで叫んだ。

「儀保さん、儀保さん、あんたが死んだら、うちはこの子連れて行かん。捨てて行くよ。あんたが責任持ってこの子どもたち連れて行かんと、うちは絶対連れて行かん！　満州に捨てて行くよ。死んだらだめだ。だめだよ！」

敗残兵は飯盒《はんごう》に水を入れて頭を冷やし、手足をずっともみ続けてくれた。

「医者も、死ぬ人にくれる薬はないからね。生きる人に薬やるけど、もうどうせ死んで行くのに薬くれん、といって、くれんでしょ。だから、水ばっかりなめて、少しずつ飲んでその人に助けられてる」

出発の日、繁子さん一人、歩けずに馬車に乗せられた。幸い、長男が出征地から帰ってきていたので心強かった。

小山市を出発して博多港に着くまで、一ヵ月くらいかかっただろうか。馬屋に泊まったり、野宿をしたり、貨物列車に乗ったり。

野宿が続いた土砂降りの日、三歳になったばかりの末っ子が下痢をしてしまった。木の葉を集め、雨をしのいだが、毛布はまたたく間に湿気を吸い込み、身体は冷えきってくる。繁子さんは息子を抱いて、ひたすら雨の止むのを祈るしかなかった。

繁子さんは引揚者の中では年長者に属していた。開拓地には、最初若い男たちが独身で入り、生活の基礎が築かれると、一度故郷へ帰り、花嫁を探して中国大陸に連れて行った。日本が戦争に敗けたのは、開拓村の若い夫婦が子どもを二人三人つくり始めたころだったのである。そのため、中国大陸を引揚げなければならなくなった時、乳幼児を抱えていた若い母親が圧倒的に多かったのだ。

男たちはシベリアに抑留され、引揚げが開始された時、幼な児の生命は若い母親たちの肩に重くのしかかった。

徒歩による避難行は幾日も続き、背中の幼な児は、体力の衰弱した母親の肩に喰い込んだ。が、母親が生きているうちはまだよい。栄養不良の上、疲労がたまり、避難民はあっけなく死んでゆく。母親に死なれた幼な児は、食料を確保する手だてを失い、いや、それ以上に生きる気力を失って、ますます痩せこけていった。そうした子は、

「内地まで（生命が）もつか、どうか」

とあやぶまれて、医者から中国人にやるようにと指示された。中国大陸に置き去りにされた子は、捨てられたのではない。連れてきても生きることが難しい、と判断されて中国人に託されたのだ、と繁子さんはいう。

末っ子を除けば、次男は一三歳、長男は二〇歳になっており、若い母親たちに比べれば繁子さんは、まだ苦労が少なくてすんだのかもしれない。

乳呑児《ちのみご》を残して、妻に死なれた宮古の人がいた。その人は敗戦後除隊して開拓村に帰ってきたのだ。赤子は乳を欲しがって始終泣いた。若い母親らは、栄養失調のためにすでに母乳はとまり、乳を飲ませてくれるような人はいない。夜も昼もなく泣く赤子のひきつるような声は、疲労のたまった避難民らの神経をかきむしった。

「もう、どうせ、家に帰るまで（赤子の生命は）もたんはず。始末してみんなに迷惑かけないほうがいいだろ」

宮古の男は、周囲の避難民に口々にそういわれた。そして、ある日、仕方なく、タオルを赤子の首にあてて締め殺そうとした。けれど、涙をポロポロ流すばかりでどうしても殺せない。

「船に乗ってからどんなになったかわからん。博多まで着いたけど、どんなになったか知らん。音沙汰もない……」

宮古の男は赤子を殺さなかった。繁子さんは、宮古の男が赤子を抱いて船に乗るのを見た。だが、宮古まで無事に赤子を連れて帰れたかどうか知らない。

宮崎県から戦後のノロ家へ

博多に着いた時、繁子さんは沖縄へ帰ろうとは思わなかった。沖縄へ帰っても貧しい生活が待っているだけだ。いや、激戦地となった沖縄は戦前よりさらに生き難くなっているかもしれない。若いころ、佐世保で働いたことがあるので、佐世保へ行ってみようか、などとも考えてみた。

繁子さんが幸運だったのは、九州で、ビルマから帰ってきていた安喜さんに苦もなく会えたことだ。博多にあった引揚者の一時収容所で一泊し、沖縄出身者が集まっている所へ行って津嘉山《つかざん》出身の人を探していると、すぐ近所にいた青年がとまどいながら声をかけてきた。熱病にかかった繁子さんの頭髪は一本残らず抜け落ちて、顔貌《がんぼう》もすっかり変わっていたに違いない。青年は、安喜さんが宮崎県大島町にいることを教えてくれた。

ビルマに出征して以来三年ぶりに会えた安喜さんと、繁子さんは戦後を大島町で暮らすことになる。夫婦共に着のみ着のまま、たった一枚大事に持っていた羽織を七円で売って、その金を元手にヤミ米売買を始めた。大島町の一画は、闇《やみ》部落としてその名を周囲に轟《とどろ》かせ、儀保夫妻のように戦争で身の置き所をなくした者たちの吹きだまりとなっていたのである。儀保夫妻は、ヤミ米から次第にたばこ、焼酎、養豚へと、儲けられそうだと聞くと、なんでも手を出した。

安喜さんは別府や大阪方面へ米を売りに行く。大根の切干しをリュックサックいっぱいに背負って行ったこともある。米の配給も十分ではなく、あらゆる物資が不足していたから、農家で買い集めたものを町へ持って行きさえすれば、なんでもよく売れた。

繁子さんと長男は、芋で焼酎を作り、そのカスで豚を養った。焼酎作りと養豚は、闇部落では一方を欠かすことのできない一対の仕事だったのである。隣に住んでいた老夫婦が無一物《むいちもつ》だった儀保夫妻に同情して、わずか一坪であったが畑を貸してくれたので、そこで作った芋のつるも豚の飼料になった。焼酎作りに必要なこうじも作って売る。

米も焼酎もたばこもすべて闇商売である。昼日中は大っぴらには動けないから、夜になるとひそかに焼酎作りを始めるのだ。長男は、警察の目をかすめながらする命の縮むような生活を、早くやめようや、と口癖にしていた。繁子さんは店を出す元手が欲しかった。

ある日、隣村の友だちの家から大きな瓶を借りてきて、焼酎を炊き、売りに行くばかりになっていた時、税務所の係官の一斉取調べにあってしまった。大島町の周囲は包囲され、「係官が来た」という知らせが仲間から入った時には、隠しようも、逃げ場もなくなっていた。焼酎を作る家では豚も飼っているからすぐにわかってしまう。係官が来た時には、焼酎も、醪《もろみ》も瓶いっぱいにあった。焼酎も、醪も、道具も一切合切押収され、その上、罰金をとられて、いくら儲けても、どうにも採算があわないことがわかった時、繁子さんは思い切って焼酎作りをやめ、小さな店を始めた。

繁子さんが始めた店は、大島町の入口にあった劇場のすぐ前で、場所が悪いから客がつかないだろうと、周囲の商売仲間からあやぶまれた。一銭でも買いに来てくれる人はお客様、と繁子さんは思って、子どもたちには、「遠い所からよく来おったねえ」とやさしく、飴玉を一個ずつ必ずおまけした。他の店よりわずかずつでも安く売るうち、徐々に小さな店の商いも軌道にのり始めた。

故郷、津嘉山のノロ家に帰ったのは、激しい砲撃戦で地形も変わるほどの戦禍を受けた沖縄が、米軍施政下ではあったが、ようやく立ち直って、しばらくしてからである。安喜さんの母は沖縄戦で亡くなり、父も病死した。ノロ家の家長は安喜さんが継ぐことになった。安喜さんの伯母から妹へひき継がれた。妹は他家へ嫁いだが、毎月一日と一五日、正月と盆、それに祭りの日には拝みをするために儀保家へ帰ってくる。

繁子さんは「人を愛さねば、自分が損ですよ」といった。それは沖縄から中国大陸へ渡り、九州開拓村の中では〝沖縄部落〟と蔑《さげす》まれる一方、中国人や朝鮮人を雇って広大な土地を耕作し、だが、日本の敗戦とともにその土地を失った繁子さんが得た信条である。満州開拓者は、日本帝国主義の野望遂行《やぼうすいこう》の駒《こま》として使われ、そして、棄民《きみん》された。国家、という幻想が崩壊していく時、自分を守るものは、唯一、人を愛することなのだ、と身にしみて感じたというのである。

大東亜共栄圏の夢の果て——パラオからの引揚者

一家をあげてパラオへ

「話し相手でもいればいいが、自分一人で思いつまってですね、あと泣く。泣くんですよ」

小さな家の床の中で寝つかれない夜、これまで辿ってきた半生が走馬灯のように頭の中に去来し、自らの半生に圧し潰されて泣く、と老女はいった。身体もガッシリし、どちらかといえばいかめしい表情のこの老女を襲うひそやかな慟哭《どうこく》、私はその悲しみの深さを受けとめきれない。

ここ、慶良間《けらま》諸島の中のひとつ座間味島《ざまみじま》は一九四五年三月末、沖縄本島に先がけて最初に米軍が上陸し、その直後、隣の渡嘉敷島《とかしきじま》、慶留間島《げるまじま》同様、多くの住民が集団自決による犠牲者を出した。渡嘉敷島の人々から戦時中の話を聞いていた時、サイパン帰りだという一人のおばあさんに出遇った。その時は、渡嘉敷島での戦争体験を聞くことに夢中で、そのおばあさんが、二、三人の人に混って、時折ポツリポツリと口を挟んだサイパンからの引揚げ時の体験に耳を傾ける余裕がなかった。だがその後、渡嘉敷島ばかりではなく、慶良間の多くの人々が戦前、南洋方面にカツオ漁の出稼ぎに行っていたことを知った。いや、出稼ぎばかりではなく、家族を伴っての移住者もかなりの数に達していた。

南洋の島々への日本人移住者は約七万七三〇〇人（一九三九年）、それは現地の島民の人口約五万七〇〇〇人をしのいでいた。そのうち、沖縄県出身者は約四万五七〇〇人で全体の六〇パーセントも占めていた。大日本帝国の野望構想、大東亜共栄圏の前進基地であったこれらの島々は、沖縄に先がけて次々米軍に攻略され、日本軍は惨敗を喫し、島民も移住者も、凄まじい戦禍をこうむった。沖縄から南洋へ移住した人々の戦争体験は〝もうひとつの沖縄戦〟といえよう。

座間味島の宮平英子さん（明治四三年生まれ）はパラオからの引揚者である。広い屋敷に小さな家を建てて裏庭にたった一人で食べる分の野菜を作って暮らしていた。その中にキャッサバも混じっていた。キャッサバの根からとる澱粉タピオカをパラオでよく食べた。国民年金だけが頼りのつつましい暮らしである。多額の遺族年金を受けている人はそれだけ家が大きいと、寂しげに、遺族年金受給者を羨む口調でいった。

米軍は沖縄上陸に先がけて慶良間海峡を艦船の停泊地として確保するため、島々が木端微塵に砕けるかと思われるほどの棲まじい攻撃を行なった。沖縄で最初の米軍陣地設置が目論《もくろ》まれ、そのために、渡嘉敷や阿嘉《あか》、座間味、慶留間《げるまじま》島が激しい銃砲撃に晒された。小さな島で逃げ場を失った多くの人々が自ら生命を絶った。

広い屋敷の中の小さな家で、女丈夫な気質がそのまま表情に表われている老女のしのび泣く姿を、再び私は想った。

老女はパラオから座間味に辿り着くまでの二年半にわたる難民生活を語った。それは二年半という年数では区切ることのできない長い旅路であった。

英子さんがパラオへ渡ったのは一九三七（昭和一二）年である。座間味もやはりカツオ節製造の栄んな島であった。座間味や渡嘉敷など、慶良間諸島でつくられるカツオ節は慶良間カツオとして戦前は広く一般に知られていた。島の多くの若者は漁師になり、そして娘たちはカツオを〝節〟の形に整える〝削り〟の技術を身につけた。英子さんより一世代前の人々は、小学校の運動会に包丁とカツオが用意されて、競技のひとつとして〝削り〟の技術が競われたほどである。古くは慶良間海峡付近で漁をしていたが、より多くのカツオを追って漁師たちは次第に南洋方面にも船足を伸ばすようになり、そのうち家族を連れて、サイパンやパラオ、トラックなどに移住するようになっていた。多くの漁師とその家族は島を出、英子さんがパラオに渡る頃には座間味自体にはカツオ節製造工場はなくなっていたという。

「シマにはカツオの組合ないです。南洋に行かないともうないですよ。おばあさんたちも舅《しゅうと》も置いて、仕方なく共稼ぎに行ったんですよ。南洋が儲かる。シマでは儲けて家をつくることができないから、南洋へ行かないと家つくることできないと、それが目的で行ったんですよ」

パラオには大小一〇九の島があるが、英子さんが行ったのはコロールという島である。パラオ諸島の中で最も大きなパラオ本島に隣接するコロール島は、一九二二（大正一一）年に南洋庁が設置され、日本の統治下にあったサイパン、ヤップ、トラック、ポナペ、ヤルートなど、南洋の島々の政治、文化の中心地であった。その頃パラオには、六四七四人の島民が住んでいたがそれよりはるかに多い二万五〇二六人の日本人が移住し、そのうち一万二七二一人がコロール島に集中していた（昭和一八年六月末――『中部太平洋陸軍作戦2』防衛庁防衛研修所戦史室）。パラオで日本人移住者がたずさわった農業、林業はたいした生産高をあげてはいないが、水産は豊富で、カツオ、マグロ漁が栄んであった。その頃のパラオの漁業者数は一八七六人、そのうち沖縄県出身者は一六八九名で九〇パーセントを占めていた。また、南洋庁が統轄していた地域全体をみても六七一九名の漁業者のうち、沖縄県出身の漁業者が六一六四名で九二パーセントを占めていた（昭和一七年――『沖縄縣史7・移民』沖縄県教育委員会編）。当時の南洋における漁業は、沖縄県出身者の力に大きく依っていたのである。

英子さん一家が簡単な高床の小屋を建てて暮らし始めたのはコロール町アイブクロ七丁目である。付近にはカツオ漁業にたずさわる座間味出身者が集まっていた。

夫はカツオ船の船長であった。英子さんは島民から土地を借り、芋や野菜を作り、豚を養い、そして〝削り〟をして暮らした。カツオを乾燥させカツオ節にするのである。暑さのために魚が放つ強烈な臭気の中で、乳呑児《ちのみご》に乳を含ませながら汗みずくになって働いた。パラオでは約半年はたいした漁がなく、残りの半年で一年分を稼ぎ出す。大漁が続くと女たちの〝削り〟の方も残業続きとなった。それでも賃金は歩合高であったから二斤《きん》（一斤＝六〇〇グラム）でも三斤でも多くと仕事に精を出した。

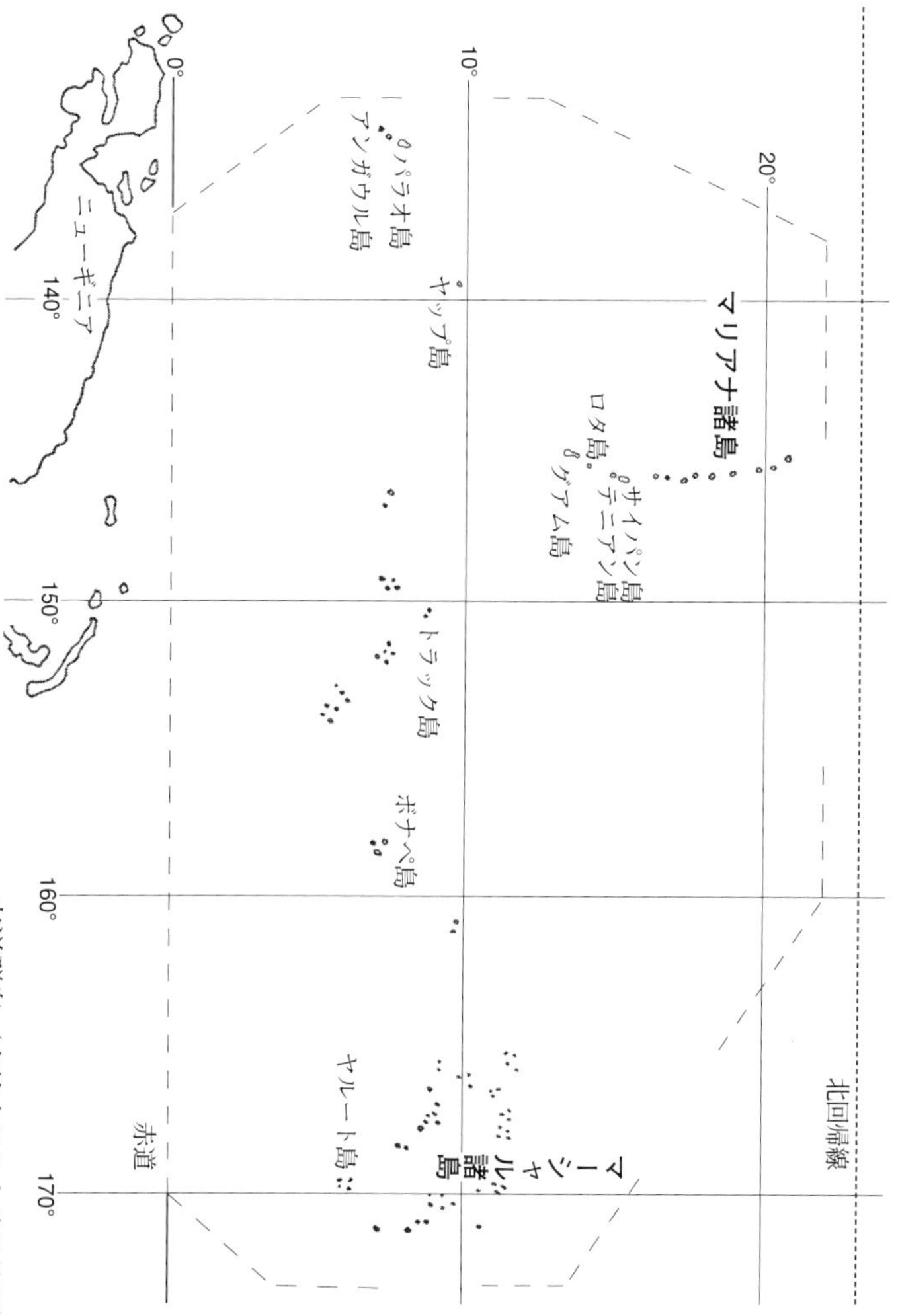

南洋群島（点線内は日本委任統治）

夫がニューギニアへ行くことになったのはそれから六年後のことである。従兄弟《いとこ》が中古の船を買い、軍にカツオを納めようと企てたのだ。そして、船長の免許を持っている夫を誘った。末の三女が生まれてまだ四〇日しか経っていない日、夫はパラオを発った。そして、それきりであった。何の音沙汰もなくなった。

南洋の島々の戦況は悪化していた。コロール在住の日本人の間では防空演習が繰り返され、乳呑児を抱えた英子さんも地域によって指定されたその日には参加しなければならなかった。演習に出なければ、少なくなりつつあった配給が受けられなかったからである。赤ん坊を背中に負い、夫の不在に不安を抱きながら、焼夷弾《しょういだん》が落とされたことを仮定しての消火訓練や、怪我人を担架に乗せて運ぶといった訓練を受けた。

夫がニューギニアへ行った翌年、つまり、一九四四年二月にはトラック島が大空襲を受け、六月にはマリアナ沖海戦で日本は惨敗、七月にはサイパンが玉砕している。パラオも同年三月三〇日、三一日の二日間、はじめての空襲を受けた。そして、五月五日夜間にも偵察機が飛来している。

四人の子を抱えた二年半の難民生活

学童のいる家族はパラオ本島の清水村に疎開するようにとの命令が下ったのは何月であったか、警防団によってトタン葺きだった家々は壊され、英子さんは小学三年生の長女、一年生の長男、五歳の次女、まだ誕生日を迎えていない三女を連れてコロールの港に向かった。

この時から、四人の子を抱えての英子さんの難民生活が始まる。

貯金はほとんど定期預金にしていたため、現金はわずかしか持ち合わせなかった。家財道具も、せめて鍋釜ぐらいは持ちたいものと波止場へ運んだが、次の荷物をとりに行っているうちに盗まれた。結局トランクひとつだけ持って清水村へ渡ったのである。

清水村は山の中にあった。英子さんらは軍の厩《うまや》に入れられた。パラオの各地から大勢の人々が集められていた。同じ座間味出身の子連れの女たち一三名は、自然に肩を寄せ合うようになった。食糧は極度に不足していた。ここでは山を開墾して芋や野菜を作る作業に出なければ食糧の配給はない、といわれた。畑仕事をしていると銃弾がバラバラ落ちてくるようになった。英子さんらは空から落ちてくる弾を恐れながら、作業を続けた。

沖縄への引揚げ命令が下されたのは四〇日後のことである。清水村からいったんコロール町にもどされた。そして、映画館に一泊、二日目には病院に移動、バス三台でコロール町を通過し、マルカロー（マラカル）の港に行った。港に着くと、空襲警報が出され、米軍機二機が飛んで行くのが見えた。港は混乱した。当時、パラオに残っていた男たちの多くは警防団に組織されていたが、その家族は警防団員である夫に助けられて荷物を運び、船に乗った。だが、四人の子どもを連れた英子さんを助けてくれる人はいない。自分が先に船に乗り、子どもを上から引きあげようとしたが、どうしても引きあげられない。誰もが自分が船に乗り、自分の家族や荷物を乗せることで精一杯だった。英子さんは港に残った。船は出て行った。夫の力を頼りにすることのできない心細さをひしひしと感じた。英子さんは子を連れて、所どころ銃弾跡のある波止場の、大きな岩陰に身をひそめた。空襲警報は解除されていたが、いつまた米軍機が飛んでくるか知れない。食べ物も持っていない。金もない。この先どうなるものか、考えるゆとりもなかった。壕があるわけではない。ただ大きな岩に身を寄せているだけの英子さんら五人の姿は上から見ればまる見えだろう。どうせ死ぬなら、子どもたちと一緒に死のう、と思っていた。しばらくそうしていると、港に大きな病院船が入ってくるのが見える。神に祈るような気持で思わず英子さんは手を合わせた。病院船は桟橋に横づけになった。と同時に、どこにひそんでいたのだろうと不思議に思えるほど多くの人が、あっちからもこっちからも病院船に駈け寄った。何台かのトラックも疎開者を運んで来た。今度は英子さんらもこの病院船に乗ることができた。前行った船では非常用の浮袋を各自渡されていたのに、英子さんらには渡されなかった。ともあれ、船のほぼ真ん中あたりの部屋に腰を落着けることができて、ほっとしていた。

マルカローの水道口から四〇機もの米機動部隊が姿を現わしたのは、三〇分後のことだ。船室の中は騒然となった。船外で機銃の音が聞こえる。

「お母さん、死なないよ。死なないよ。死ぬなら一緒よ。みんな一緒だから騒がないで落着きなさい。落着きなさい」

そう言って英子さんは子どもたちを引き寄せ、おびえている赤ん坊に乳房を夢中で含ませた。長い時間だった。三五名もの負傷者が出た。便所に行って機銃を受け、そのまま死んだ人もいる。死者は海に投げ捨てられ、ただ合掌するだけの簡素な弔《とむら》いだった。英子さんは思った。病院船でも生きる見込みはないね、どんな風に生きぬいて、沖縄に帰れるだろうか……。沖縄がどれほど遠く感じられたことか。病院船は幸い恐れていた潜水艦にも出遇わず、六日目に港に着いた。だが、そこは沖縄ではなく、台湾だった。

船から下ろされると、キゴという海辺の村へ連れて行かれた。そして、海際の一軒の大きな家に入れられた。着いて間もなく、班長から生水は絶対飲ませないようにという厳重な注意があった。二日目のことだ。英子さんは赤ん坊を抱いて外に立っていた。すると、少し離れたところに見える村の方から杖をついて歩いて来たおじいさんが英子さんに声をかけた。

「あんたたち、第一線から引揚げてきた噂があるもんだから、新聞にも載っていたから注意しに来たんですよ」

という。この付近の海は急に深くなって、潮の流れも早く、子どもたちが波にでもさらわれたら絶対に助からないから、決して海で遊ばせないようにくれぐれも気をつけなさい、と。また、キゴには以前、陸軍が駐屯しており、一時コレラが発生して多くの死者を出したことがある。浜の手前には大きな広場があったが、コレラで死んだ兵隊の屍体はその広場に埋められた。コレラ菌は何年経ってもぬけないから、その広場でも子どもたちを遊ばせないようにと、わざわざ知らせに来てくれた。おじいさんは、かなたに見える集落を指差して、

「私のシマはあの村だから、ぜひ遊びに来なさいよ」

と言って帰って行った。英子さんはおじいさんの親切をありがたく思った。だが、礼をのべに行こうと思っているうちに約一ヵ月でキゴからタイローに移されてしまった。

タイローで英子さんらの宿舎になったのは官舎である。かつての住人はすでに本土に引揚げていて、一八棟の官舎が空いていたのだ。人数に応じて部屋が割り当てられた。英子さん一家は四畳半に入った。駅が近かった。そのために、空襲がある度攻撃目標にされた。すぐ近くに小さな防空壕が掘られていた。空襲警報が鳴ると四人の子を連れて、その小さな壕に駈け込んだ。

避難民の子どもたちの間にはしかが蔓延したのは三〇日位過ぎた頃だ。七歳位までの子が次から次に死んでゆく。七人の子どものうち、三人もの子を亡くした人もいる。三人の子どもを三人ともに亡くした人もいる。ふと気がついた時にはそれまで母親にまとわりついていた幼な児が引揚者の目前から姿を消していた。英子さんも三女を失った。

三女は父親と一緒に四〇日しか暮らせなかった子だ。一歳六ヵ月で銃砲の弾と不安定な難民生活におびえたままその子は死んだ。

「生きていれば三八になります。未年《ひつじどし》だから、死んでおってもやっぱし数えますよ。もう結婚して孫もたくさんできていたはずだがね」

色が白く、ハキハキしてとてもかわいい子だったという。

三女をあっけなく亡くした直後、英子さんは炊事係に推された。周囲の人々が、悲嘆にくれている英子さんの気をひきたてようとしたためでもあり、手のかかる子がいなくなったためでもある。炊事係は朝四時には起きなければならない。米四俵に大きなバーキ（ザル）二杯分ほどの芋を刻んで入れて炊く。英子さんは泣きながら、疎開者一三〇〇人分の芋飯を仲間二〇人の中に入って作った。

台湾は、戦時下であることが疑われるほど物が豊富であった。現金を持っていた引揚者は台湾人の作るビーフンやバナナを買ってきて食べていた。だが英子さんは子どもに何ひとつ買い与えてやることはできない。一部の現金を持っていた引揚者の子を除けば、多くの子どもたちが配給される碗《わん》に半分ほどの粥《かゆ》だけで空腹に耐えていた。英子さんは、泣いてばかりはいられない、と思った。どうしても生きて座間味へ帰ろう、と思った。

三女を亡くした頃までは、屍体の火葬は台湾の老爺がしてくれていたが、あまりにも多くの死者が次から次に出たためであろう、自分たちの手で火葬しなければならなくなり、炊事係にその仕事もまわってきた。死者を火葬する時、うつぶせにすれば動かないということを、未経験な英子さんらは台湾の人に教わった。あおむけに置くと屍体は生きてでもいるかのように燃えさかる炎の中で突然起きあがるのである。

「自分たち素人でわからないもんだから、寝かせたらですね、目が抜けて、きれいにすわるんですよ。ククッてすわるんです、心臓がいつまでも燃えるんです。青く……」

はしかで幼ない子の命が次々に奪われて、その勢いが下火になった頃、年長の子どもたちや大人たちの間にマラリアが流行した。健康で働ける者は次第に少なくなってきた。

そのような時、疎開者に対して軍の乾燥野菜作りをするようにという要請があった。英子さんは炊事係を他の人にかわってもらって、その要請に応じた。英子さんが野菜作りに行ったのは、沖縄から転戦してきた精鋭の第九師団、通称武《たけ》部隊であった。南方の島々が次々に米軍に落ち、日本軍は敗退し続けた。次の米軍の攻撃目標を沖縄よりは台湾とみた大本営の判断で、一度は沖縄に配置されていた武部隊は台湾へ移された。後に米軍は台湾を通り越し、沖縄へ上陸する。たとえ精鋭の武部隊が沖縄にとどまっていたとしても、近代兵器を携《たずさ》え、圧倒的な物量作戦で小さな島々を囲繞《いにょう》した米軍攻撃の下で、県民三人のうち一人は死亡するという沖縄の人々が受けた凄絶《せいぜつ》な戦争体験は軽くなりはしなかっただろう。

英子さんは武部隊で、くる日もくる日も乾燥野菜を作った。特にカボチャが多かった。一〇〇〇坪ほどもあろうかと思われる広場にトラックが次から次に荷台にいっぱいのカボチャを運んでくる。その何百、何千ものカボチャを二つに割り、さらに乱切りして、軽く塩でもみ、一晩大きな石で重しをしておく。そして翌日、布に包んで汁気をしぼり、広場に広げたカバーの上に干しておいた。三日も干せばカボチャは赤く変色し、ガラガラと音をたてるほどに乾燥した。昭和二〇年、疎開者が故郷へ辿りつけず、その途上で作った乾燥野菜は南方の前戦部隊へ送りこまれた。いや、その頃はもう、南の島々への補給はほとんど絶たれている。孤立する前戦部隊に、英子さんらの作った乾燥野菜がどの程度届いたものか。

英子さんは、空襲警報がかかった時は自分は軍の壕に入るので、長女に下の子二人を連れて防空壕に入るように、といいきかせて乾燥野菜作りに出ていたが、もし、離れ〳〵で死ぬようなことがあればとりかえしがつかなくなる、と思い始めた。ちょうどそんな折、タイローからミノーに移ることになった。

ミノーでは、引揚者のいろいろな世話をする班長に推された。米がトラックで二〇袋、三〇袋と運ばれてくる。それでも大勢の人だから、二、三日しかもちはしない。英子さんは野菜や芋や薪《まき》を調達するために毎日、駈けずりまわる。だが台湾語のわからない英子さんらには芋を買うことさえできない。市場からの長い道のりを空の袋をひきずって重い足どりで帰って来ることが何度も繰り返された。英子さんは台湾語を覚えようと思った。ちょうどその頃、引揚者の所に犬の肉や石けん等を売りにくる日本語の上手な青年がいた。青年は東京の大学を出ているといっていた。その青年に台湾語を教えてくれるよう頼んだのである。仕事が終わると夜は青年と向かいあって台湾語の勉強をした。

「おばあさんはアブアというんですよ。台湾の標準語じゃなくて何か方言じゃないですかね。片田舎ですから。そしてお母さんはアマーというんですよ。お父さんはヤッチャーというんですよ。子どもたち、男の子はチャンポンギーナ、女の子はチョンギーナ」

英子さんは子どもたちのために食糧を確保しようと必死になって台湾語を覚えた。時々、沖縄の方言に似た言葉を見つけると、台湾語が身近に思えた。

「私真っ先に覚えて行って、二〇名のお母さんたちに、今日必ず芋買って来ようね。言葉覚えてるから皆覚えなさいよ、って。歩きながらチャポンギーナ、チョンギーナと、田んぼに落ちたりして行ったら芋がもう倉庫にいっぱい、家にいっぱい……」

英子さんらはその日ようやく片言の台湾語のおかげで芋を買うことができた。


ミノーに移ってからもマラリアの流行は衰えない。人手が少なくなるにつれて、病気には辛うじておかされていない者の負担が次第に重くなっていった。用便は、ただ穴を掘っただけの簡単な便所ですませていたが、一〇〇〇人余の排泄物の処理はたいへんな仕事となる。若くて五体満足な者が任されているとはいっても若い者だけの手にはとうてい負えなくて、年をとっていても元気な人に英子さんが頼もうとすると、若いくせに生意気だ、と、狭い疎開者同士の間で感情的な摩擦が起きた。マラリアで次々に仆《たお》れていく人の火葬にも追われていた。長女は、

「たいへんよ、バチがあたるよ。人を焼いて……」

と、日々続く英子さんの仕事におそれおののいていた。英子さんは疲れていた。どうして自分ばかりこんなに苦労しなければならないんだろう、と思うとやりきれなくなった。

ミノーは寺の多い町である。疎開者は大小の寺に分散して住んでいた。時折、一人に一升《しょう》（約一・八リットル）位ずつ玄米の配給があった。英子さんの家族は四人だから四升、普段は瓶に入れて棒

で搗《つ》いていたが、たった四升の玄米が瓶ではなかなかはかどらない。英子さんはある日、思いたって、寺の臼《うす》を借りて搗こうと思った。寺の女主《あるじ》は快く臼を貸してくれた。四升の玄米は造作もなく搗けた。礼を述べようとすると、女主は英子さんに寺の手伝いをしてくれないかという。参拝者が供える花米を集めて搗いたり、寺の掃除をすれば家族四人の食事と、多少の手間賃も支給するという。班長という立場上、疎開者の間で気まずい思いをし、そして、子どもたちにひもじい思いをさせていた英子さんは、この話にとびついた。花米は毎日一斗位ずつも供えられた。寺で子どもも一緒に三度の食事をし、一日の仕事を終えて帰る時には、大きな握り飯を、腹を空かせている引揚者にと持たせてくれた。寺で働くのに何の不都合もなかった。ただひとつ気がかりだったのは、勘のよい子どもたちがみるみる台湾語を覚え、見様見真似で経文まで唱えるようになったのに、学校で教える共通語には少しも馴染《なじ》まなかったことだ。寺に長くいてはいけない、と英子さんは思った。学校へは、とぎれとぎれではあったが、台湾へ来てからもずっと通わせていた。日本の統治下にあった台湾では敗戦までは日本語による教育が行なわれていたのである。

焼けただれた故郷、座間味へ

英子さんらがいつ敗戦の知らせを受けたのか聞きそびれたが、ミノーにいる頃には武部隊の兵隊らとともに演芸会を開いたりしているので、その後、コーセン部落に移った頃であったろう。日本の敗戦は、とりもなおさず長い間、植民地にされていた台湾の解放に他ならない。それまでは引揚者と台湾人との間の摩擦はほとんどなかったのに、コーセン部落に来てからは子どもたちの間でも、また母親自身も折にふれ、悪罵《あくば》を投げつけられ、いやがらせを受けた。班長からは、この辺の住民はタチが悪いからどんなに侮辱されても相手にしないようにという注意があったが、班長が指摘するように、この地域の住民の気質によるよりも、台湾の人々の中に長い植民地支配の間に鬱積《うっせき》されていたものが、日本の敗戦とともにフツフツと噴出したのだろう。そしてそれが、目の前の〝日本〟である引揚者らに向けられたのだろう。

「リュウキュウマー、水牛マー、四本足の四等民」

その時すでに沖縄は米軍占領下にあり、日本からきりはなされている。その時点で沖縄がこの先どのような運命を辿るのか予測がつかない。そんな政治状勢を敏感に反映したのか、台湾の子どもたちに沖縄の子らはこのように囃《はや》したてられた。もっとも、三等国民とか四等国民といった言葉は天皇を頂点とする全体主義的、軍国的階級制から発せられたもので、かつて台湾の人々が日本人に投げつけられた悪罵が、歴史の転換点で沖縄の子どもたちに向けられたのである。それは、はるか南の植民地台湾まで届いた天皇制の残滓《ざんし》であった。

母親たちが買い物などに出ても、後の方から指笛がいつまでもまとわりついてくる。

「第一線から疎開してくる時、あんたたち死んでくればよかったのに。こっちへ来て、貴様たちのために豚の骨の配給まで少なくなって、台湾人は何も食べるものない」

そういって、石を投げつける者もいた。また、夜になると男たちが引揚者の宿舎になっている小屋を襲う。

フィフィフィフィフィ。

暗いしじまに意味あり気な指笛が響く。

「出て来い、という意味、暗号ですよ」

英子さんらは床の上に起きあがり、身体を硬くして口を閉ざしていた。すると、そのうちの一人がこんなことをいう。

「貴様たちは金がないためにこんな、むかし生蕃人《セイバン》が住んでいたコーセン部落まできてよ、落ちるところまで落ちて。夜這《よば》いしたら金をやるから俺たちについて来い」

彼らのいう生蕃人とは台湾の中の少数民族である。そしてその少数民族が住んでいたコーセン部落は人々の意識の中では差別される部落として位置づけられていたに違いない。

引揚者の母親たちは、コーセン部落ではキャッサバの根からとる食用の澱粉タピオカを生産する工場で働いていたのだが、正月、ついにたまりかねて工場主のところへ談判に行こうということになった。白粉をつけて紅をさし、きものを着て、お太鼓締めて、一三人の母親が工場主の家に向かった。この母親たちの晴着のデモンストレーションに台湾の人々は目を見はった。

「一三名のお母さんたちが見違えるほど。みんな若いから、馬鹿にされたらいかないといって、自分たちこんなにあるよ、という意味で見せたんですよ」

それは、英子さんにとってはたった一枚、命がけで台湾まで持ってきたきものだ。他は何もかもパラオに投げ捨ててきている。英子さんばかりでなく、引揚者の多くが同様である。この母親たちの必死な想いの晴着のデモンストレーションは功を奏したように英子さんには思えた。それは、悲しい虚勢であったことには違いない。けれど、台湾の人々は、引揚者らが意外にも美しい晴着を持っていたことを認めたのではなく、母親たちの必死なデモンストレーションの真意を受けとめたのかもしれなかった。つまり、沖縄の母親たちの矜持《きょうじ》に敬意をはらったのである。

コーセン部落からいったんミノーにもどり、さらに台北《タイペイ》に移された。引揚者が入れられたのは一七階建ての半壊のビルである。その半壊のビルに引揚者はすし詰めにされ、便所が足りなくて作ろうとすると、無数の人骨が掘り返された。空襲を受けて、三〇〇人もの人がそこで死んだと、英子さんらは聞いた。天井はひび割れて、大きなコンクリートの塊がいまにも落ちて来そうで、夜も落ち着いて眠れない。

外で遊んでいた長男が、頭が痛いといって帰ってきたのは、台北に来て間もない頃だ。診察を受けるとペストだといわれた。ペストは病気が進行するにつれて身体が真っ黒になって死ぬのだという。そんな病気があることを、それまで一度も聞いたことがなかった。英子さんにはたった一人の男の子である。「長男がそんな病気になってどうするかね……」。不安が胸いっぱいに拡がるが、まとまった金を持っていない英子さんには、ただ毎日、温湿布をしてやることぐらいしかできない。長男は次第に痩せ細っていった。三ヵ月の間、英子さんは自分で看病していたが、病院のベッドが空いたので入院費の目処《めど》もたたないまま、ともかくも長男を入院させた。長男が死んだら、もう台湾で死んでいこう、という気になっていた。そんな英子さん一家に手を貸してくれたのは台北に兵隊として来ていた同郷の男たちである。台北には座間味出身の元兵士が七名いた。元憲兵だった人もいた。その人が、基隆港《キールン》へ行けば英子さんの従兄弟《いとこ》がヤミの品物を買いに来るだろうから、必ず探して、金を借りて来てあげようと言ってくれた。運よくその人が基隆へ行った日、従兄弟は八重山から来ていた。敗戦後間もなく八重山と台湾を往き来して荒稼ぎをする密貿易者が跋扈《ばっこ》し始めるが、英子さんの従兄弟もその一人だったのだろう。英子さんは五〇〇円の金を手にすることができた。入院費には充分な額だった。それから三ヵ月、長男はどうにか一命をとりとめた。

沖縄への引揚者が美里村高原（現沖縄市）に米軍が設置した収容所に着いたのは一九四六年一二月二五日のことである。そこから座間味への船は数日後に出た。身体から肉がすっかりそげ落ちた長男を見て、親戚中の者が、「なんでこんながい骨みたいになって来てるかー」と言って泣いた。長男が人間らしい姿をとりもどしたのは、座間味に帰ってしばらくしてから、歩けるようになったのは一年も経ってからである。

病いにおかされ、恒常的な食糧不足の中でようやく辿りついた故郷であった。あるいは夫の方が先に座間味に帰って来ているかもしれないというかすかな期待を抱いていたが、焼けただれた故郷に夫の姿はなかった。出征していた者が復員したり、島外に移住や出稼ぎに出ていた者が次々帰ってきてもついに行方不明となったままであった。

夫は生きていた――二〇年目の沖縄戦

二年半にわたる引揚げ生活を、もちろん忘れることはないにしても、夫からの不意の手紙が舞い込むことがなかったならば、時の経過とともに記憶の底に沈澱させていたかもしれない。夫が帰らないこともとうに死んだものと思って諦めきっていた。

〝戦争〟が思いもかけない形で再び英子さんの胸を引き裂いたのは、敗戦後二〇年を過ぎてからのことである。ある日、一通の封書が舞い込んだ。それは死んだものとばかり思っていた夫からの手紙であった。夫は生きていたのである。パラオの戦火をくぐり抜け、台湾を経て座間味にようやく辿りついた二年半の難民生活、そして敗戦後の二〇年間、四人の子どものうち一番幼なかった女の子を亡くし、三人の子を女手ひとつで気を張り、身を硬くし、育てあげてきた。それはいったい何のためだったのか、夫が生きていることを知った時、それまで張りつめていたものが音をたてて崩れ落ちるのを感じた。夫はなぜ二〇年もの間、家族を、故郷を捨て置いたのか。

英子さんにとって夫の生存を知ったことが無惨であるのは、夫が他の土地で別の家庭を持っていたからだ。夫はニューギニアからどのような経路でサンマ漁船に乗ったのか、敗戦直後、茨城県の鹿島沖で遭難し、一命をとりとめて浜に打ちあげられた。約二〇人の乗組員は夫を除いては本土の人で、一夜明けるとそれぞれ自分の家に帰って行った。だが、茨城から沖縄はあまりにも遠く、夫は所在なく近くの村にとどまった。その時に世話になった家に一九になる娘がおり、夫はその娘と結婚してしまったのである。

二〇年ぶりに届いた手紙には、必ず座間味に帰るから、としたためられていた。六歳の時に別れたきりの長男が、長女の夫と一緒に茨城に会いに行った。教えられた住所には倒れかかった小さな茅葺きの家が戸閉めにされており、あたりは森閑としていた。裏にまわると、数本の木が傾《かし》いだ小さな家をようやく支えている。留守のようであった。近所の人に尋ねると、埼玉県の方に夫婦ともに頼まれて働きに行っているという。時折酒を飲んで酔うと、沖縄に妻も、四人の子もいたが、死んだものかどうか、と、その人には度々語っていたという。実際、英子さんが夫と別れて後のパラオの戦況を考えてみても、また英子さんらがパラオの空襲を逃れて座間味に帰ったと仮定してみても、生きている方が不思議なくらいなのだ。夫とともに暮らしていたパラオのコロール町は、英子さんらが引揚げて間もなく、一九四四年七月二五日から二八日の四日間の空襲で全焼している。座間味も、冒頭に記したような壊滅的な砲爆撃を受けている。夫は、妻子は死んだものと、茨城の女の人にはいい聞かせてあるとのことだった。

長男は茨城から埼玉へ向かった。夫が働いているというその場所に辿り着いた時には、もう日が暮れかかっていた。暮れなずむ田んぼで、何人かの人が稲刈りをしていた。真ん中にいる背の低い人が座間味にいる叔父さんに似ているようだ、と長女の夫が言った。その人が腰をあげた。やはり、そうだった。仕事が終わるのを待って、長男が旅館へ誘うと、そのまま沖縄へ連れて行かれてしまうのではないかといった不安気な面持ちで太った女の人がついてきた。夫が船で遭難して以来、ずっと連れ添い、二人の女の子をもうけたその人である。

二〇年ぶりに会った父は、想像していたよりはるかにみじめに老いぼれていた。決して帰ることの許されない故郷への手紙は、老いの寂しさが出させたのかもしれない、長男は沖縄へ帰ることをすすめ、旅費も送ると約束したが、「帰りたいんだが、家内がかわいそうで置いてはいけない」と力なくいった。その後、夫の弟も茨城まで行き、沖縄での生活の目処もたて、旅費には充分の額の現金も置いてきたが、夫は座間味に帰っては来なかった。

夫の死の知らせを受けたのはそれから数年後のことだ。英子さんははじめて、みやげにカツオ節一五斤、黒砂糖一五斤、カンヅメ一五個、夫の弟が辺野古《へのこ》で経営するバーで三年間働いて貯めた一五〇〇ドル、模合《もあい》（頼母子講《たのもしこう》）で手に入れた一〇〇ドル、次女が出した一〇〇ドル、計一七〇〇ドルを持って、長女夫婦と姪と四人で茨城へ行った。沖縄では、死者の霊は一門の墓に葬られるのが習慣である。英子さんは、自分が茨城に行けるうちに夫の霊を座間味に帰さなければ子どもたちにめんどうをかけることになる、と思って来たのだ。仏壇に向かうと写真の中の夫は痛ましいほど老いていた。夫が二九歳、英子さんが三〇歳の時に別れたままである。英子さんは茨城に来る前にユタのところに何度も通って覚えた沖縄式の拝みで夫の霊を慰めた。それは夫には懐しい沖縄口《ウチナーグチ》（沖縄の方言）であっただろう。戸籍を調べるために役場へ行き、分骨するために墓を掘り、その間、茨城の未亡人は始終涙で目をはらしていた。だが英子さんには一粒の涙も出はしない。

「私はおやじと愛情がぜんぜんないです。あかの他人みたいにあさましいですよ。涙も落ちない。いままで苦しんできた私の立場を考えたらぜんぜん涙は落ちないですよ。あれ（茨城の未亡人）は二七ヵ年の愛情があるから……」

英子さんが夫とともに暮らしたのははるか三〇年前の一一年。その間、漁師だった夫はいつも留守がちであった。

墓を掘り起こす時でさえも、一粒の涙も見せなかった英子さんは、キャッサバのなる広い屋敷の小さな家で、夜、泣く。戦争が生命を、人間の情愛さえ奪ってしまった苛酷さに圧《お》しひしがれて泣く。

〈解説〉

接ぎ穂を折らずに耳を傾ける

大門正克

一九七〇年代から全国各地で女たちの聞き書きを始めた川田文子さん（以下、敬称略）は、一九七〇年代末から八〇年代はじめにかけて、その足跡を、『つい昨日の女たち』（冬樹社、一九七九年）、『女たちの子守唄』（第三文明社、一九八二年）、『琉球弧の女たち』（冬樹社、一九八三年）の三冊にまとめた。その間、一九七七年には、沖縄で元「慰安婦」だったペ・ポンギさんと会い、一九八七年に『赤瓦の家――朝鮮から来た従軍慰安婦』（筑摩書房、一九八七年）を著した。『赤瓦の家』は一九九四年にちくま文庫に収録され、現在では新版が発刊されている（高文研、二〇二〇年）。

それに対して、最初の三冊はあまり注目されてこなかったが、私は『赤瓦の家』を検討した際に、それ以前の川田の足跡をたどり、そのなかで三冊が川田の聞き書きにとって重要な意味をもつことを確認した。[1] 今回、その三冊がほぼ原形をとどめたまま、『女たちが語る歴史』というタイトルで上下二冊に編集されて再刊されることになった。この二冊（以下『本書』）によって、文字を残すことの少ない女たちに対する聞き書きが明瞭にたどれるとともに、『赤瓦の家』の発刊以前における川田の聞き書きの足跡が鮮明になった。

ここでは、本書を読むうえで留意すべき点をいくつか指摘し、解説としたい。ここで指摘するのは、本書の概要と川田の聞き書きの特徴、沖縄と川田のかかわりについてである。

一　本書『女たちが語る歴史』上下巻の概要と川田の聞き書きの特徴

一九六六年に早稲田大学文学部を卒業した川田は、戦前から写真中心のグラフ雑誌を発刊していた国際情報社に入り、一九六九年から『世界画報』で「ある青春」を担当し、一九七四年からは『家庭全科』で「唄のある女たち」を連載した。

この過程で、松永伍一『日本の子守唄』（紀伊国屋書店、一九六四年）から間引きの風習に関心を寄せた川田は、一九七〇年前後から仕事の合い間に全国各地の女たちを訪ね、子守唄と間引きの風習について聞くようになった。一九七七年に国際情報社をやめた川田は、各地で聞き書きを続けながら、一九八〇年前後に三冊の本を発刊した。

一冊目の『つい昨日の女たち』（本書上巻所収）は、岩手、山形、長野、新潟、石川などで女たちの話に耳を傾けた聞き書きである。二冊目の『女たちの子守唄』（本書上巻所収。但し、沖縄に関する記録は下巻）では、聞き書きの範囲をさらに広げ、北海道のアイヌや開拓農婦、沖縄、満州移民、遊廓などに足を運んでいる。三冊目は『琉球弧の女たち』（本書下巻所収）であり、一九七〇年代前半から一〇年間沖縄に通い、芭蕉布を織ったり、海を渡ったりした女たちから聞いた話をまとめたものである。

川田は、最近、自らの聞き書きを振り返り、そのなかで、「接ぎ穂を折らずに聞く」という印象的な表現で自分の聞き書きの特徴を示している。(2)「これは聞書きを主な表現手段とするようになるうちに身につけた習性」であり、「年代順に話を聞くこともしていない。語り手がひとつの記憶をたぐりよせる、その記憶と語り手の中ではつながっている記憶をたぐる、その接ぎ穂を折らずに聞く」というのが川田の聞き方だった。聞くときに、「質問事項をあらかじめ用意することはしなかった。消費社会の文字文化圏で暮らす者が用意する質問事項は、生活に必要なあらゆる物を五感を駆使して作り出し、生きてきた女性には的外れになると感じていたからだ」とも述べている。

川田の聞き方も含め、聞き書きの特徴を本書から四点指摘する。

第一に、全国各地の女たちは子産みと子育て、労働が不可分のなかを生きてきたことが刻まれていることであり、あわせて聞き書きにおける川田の試行錯誤の過程も刻印されていることである。子守唄と間引きに関心を寄せていた川田の聞き方には、一九七七年、七八年に、岩手県和賀郡藤根村（現・北上市和賀町）の藤枝なおさんをたずねたころから変化があらわれた。川田はしだいに、「子守り唄そのものよりも私には、それをうたった女たちの日々の営みに想いが馳せられた。その過程でナヲさんにも出遭ったのである」と述べている（上三六〇頁）。「思い起こせば、ナヲさんに子産みの体験を聞く前は、子産みの逆の側面、つまり殺児の慣習にばかり妙に気を奪われていた」（同前）。それは、「産んだ子を育てることができない世の中の在り様が気にかかっていた」（同前）からであった。なおさんと出会ってからの川田は、間引きだけでなく、「女たちがどのように子を産み、育てたのか、もっともっと耳を傾けなければ、と思った」（同前）という。

なおさんの子産みは凄絶だった。なおさんの子産みを受けとめるために、川田は二回なおさんを訪ねている。本書上巻冒頭の「子産みの話」は、なおさんへの二回目の聞き書きを著したものである。なおさんは、一二回懐妊し、七人のうち五人までは自分で自分の子の臍の緒を結んで産み、四回流産し、四二歳で最後に産んだときは大事をとって人に手伝ってもらった人だった。この間に出稼ぎに出ていた夫は酒におぼれ、なおさんが実質的に一家を支えるようになった。流産してはじめて産婆を呼んでいる。川田の聞き書きはなおさんの子育てから各地の女たちの子育てにおよび、「女たちは激しい労働の中で子どもを育てるための実に多様な知恵を出しあっていた」（上三一頁）と述べている。

本書を読む人は、「子産みの話」をぜひ読んでほしい。「子産みの話」には、藤枝なおさんの壮絶な出産や子育ての経験がたっぷりと書かれているとともに、なおさんの子産みや子育てを受けとめようとする川田の姿勢も刻まれている。「もっともっと耳を傾け」るなかで、なおさんは、「身をさいなむほどの激しい労働の中」で「子を産み、育て、そして自らも生きた」こと、「子を産み、育てることと労働が不可分であった」（上三六七頁）ことを川田は受けとめ、書きとめることができたのである。先に川田の「接ぎ穂を折らずに聞く」という印象的な聞き方を紹介した。この聞き方は、藤枝なおさんに出会い、川田が「もっともっと耳を傾け」るようになってから身につけたものだと思われる。

本書からは、各地の多くの女たちが、子産みと子育てと労働が不可分な世界のなかで生き、子どもを「えじこ」などに入れて野良で働き、麻つくりや藁仕事をしてきた時代があったことが伝わってくる。「麻つくりや藁仕事や子産み子育てが別々にあるのではなく、それらはみな農婦たちの仕事だったのだ。さらに、野良仕事も、食生活に関わる仕事も女たちの大きな仕事で、だから、老農婦らは一様に、働くも働かないも、話にならないぐらい働いた」のである（上七七頁）。川田は、どの女も「一環したひとつの世界」（上七七頁）を語っていることを理解した。「一環したひとつの世界」とは、子産みと子育てと労働が不可分の世界のことである。

子守唄に関心のあった川田は、女たちの幼いころについても詳しく聞き、唄も集めている。幼いころの女たちは、親の手伝いや子守りをして、その後は子守り奉公や年季奉公に出たり、機織りを始めたりした。たとえば、一八九九年に生まれたアイヌの織田ステさんは、七、八歳のときに、和人に雇われて子守りに出ている（上二二一頁）。あるいは、東北の北向キエさんは、小学校が終われば、自分の家の子守りや草取り、炊事をしたり、近所の農家の草取りに出かけたりした（上七四頁）。近所の草取りでは一日二〇銭の小遣いをもらえた。一九〇〇年代のことである。キエさんは一〇代になると糸をつみ、機を織り、つづれを刺して大人になる準備をした。

本書には、二〇世紀における女たちの労働とくらしの足跡が全国各地で刻まれており、一九七〇年代の各地の女たちの声がこれだけ広範囲に書き留められている本はないといっていい。各地の子守唄や女たちの唄も採録されている。これは川田が、「一環したひとつの世界」の意味を理解し、その理解をふまえて耳を傾けたからできたことである。本書を通じてぜひ全国各地の女たちの出産と子育て、労働や唄をたどってほしい。

私は、聞き書きについてまとめた『語る歴史、聞く歴史』を書いた際に、日本の聞き書きの系譜をたどり、そのなかで「女性が女性の経験を聞く」取り組みとして、森崎和江、山崎朋子、古庄《こしょう》ゆき子の三人を取り上げた。(3) 三人に川田を加えると、川田は森崎―古庄の系譜に連なるといっていい[4]。三人の共通点は二つある。ひとつは、女たちの労働とくらしにそって聞き書きをしていることであり、もうひとつは、語り手の語りに耳をすまして聞こうとしたことである。戦後になり、文字を残すことがほとんどなかった女たちの歩みについて、各所で聞き書きが行われるようになった。そのなかで、女たちの労働とくらしに目をとめ、女たちの話を聞くためには耳をすます必要があることを自覚したのが、森崎―古庄―川田の聞き書きだった。川田の聞き書きは、このような系譜のなかで読んでいただけると、いっそう広がりをもって受けとめることができるように思う。

第二は、川田の聞き書きを通して、二〇世紀初頭から一九七〇年代を生きた女たちの足跡と時代が浮き彫りになることである。女たちの労働とくらしには、北海道開拓や戦争、満州・南洋への移民、大東亜共栄圏など時代が深く影を落としている。一例をあげてみよう。

一九一四年に岩手県和賀郡藤根村に生まれた高橋たけさんは、一九三九年、満蒙開拓で満州のホロンバイル開拓村に渡った（本書上巻所収「満州移民　その1」）。開拓村で産まれた最初の四人の子どもは、臍の緒をたけさん自身の手で結んだ。手伝いに来た折居ミツさんは、たけさんが出産で苦しむ姿にいたたまれず、逃げ出したほどだった。それでも藤根村で大家族の嫁づとめをしていたたけさんからすれば、満州では親子水入らずの生活を送ることができた。だが、引き揚げは苦難に満ちていた。夫は栄養失調で亡くなり、引き揚げ時に七人いた子どものうちの三人は栄養失調で命を落とした。それでも一九四六年一〇月、四人の子どもを連れて帰り、夫の実家で農業に従事して子どもを育てた。

川田は聞き書きの過程で、自らの生い立ちや仕事を振り返り、子どもを連れて旅に出て聞き書きをしようと決意するに至る。自らの内面も深く問い返しながら続けられたこと、ここに川田の聞き書きの第三の特徴がある。

本書上巻所収「子を連れて旅に出よう」には、川田自身の経験が率直に記されている。川田は一度、流産を経験している。「胎内の子の死は鋭く私の胸を突き刺した」（上三六四頁）。そのなかで、川田は職場での仕事や自らの生い立ちに向き合うことになる。『家庭全科』での仕事は、衣食住の「夢を仕組み」、「〝愛〟や〝優しさ〟」や「性の喜び」を「紙の上に固定する」「残酷なゲーム」であり、ゲームに熱中するうちに、「人々を、そして実人生を慈しむ感性」を忘れていた（同前）。流産はそのことに気づかせてくれることになった。

川田のなかで蘇った「幼時の記憶はひどく切ない」ものだった。川田の記憶が鮮明になるのは、小さいころ、父が旋盤をまわしてつくる機械の部品を、母が自転車の荷台に積んで運んでいたころからであり、とくに、「衣料や雑貨品の露店を出すようになってから」だった（上三六五頁）。露店では、「決して陽が射すことのない隙間が、両親が働く間の私たち姉妹の遊び場」だった。「湿った冷たい瓦礫《がれき》の感触」ともあわさった幼時の「切ない」記憶が蘇《よみがえ》るなかで、川田は、「家族を形成し、ともに暮らすという営みのなかに身を置く」ことができなかったのは、幼時の「切なさ」を「もう一度繰り返す勇気を持てずにいたからではなかったか」と思い至る（上三六六頁）。

なおさんをはじめとした、子を産み育て、働いてきた女たちの人生にふれるうちに、「子を産む」

ところから「自分が遠いところで生きていること」に気づき、「何か大事なものを欠落させていることを思い知らされた」（上三六七頁）。もう一度、「小さな生命の息づきが体内から伝わってきていた頃」、川田はその息づきが大事なものであることを実感するとともに、多くの老女たちと同じように、「子を連れて仕事をしようと私は思った」（同前）と述べている。(5)

川田の聞き書きの特徴の第四は、高度経済成長と専業主婦をもてはやす風潮に対する批判のなかで行われていることである。『つい昨日の女たち』の「あとがき」（上二一四頁）で川田は、「女は家事労働以外の労働に従事しない」という「誤解」があるが、それは「都市部のホワイトカラー族の妻女」に限ってみられることであり、「支配階級に都合のよい家庭像」が「誤解の原因」だと述べている。高度経済成長の急速な進行にともない、都市では専業主婦がふえて注目を浴び、あたかも「家事労働以外の労働に従事しない」女が多数であるかのような「誤解」が広がった。川田の聞き書きは、このような「誤解」に対する違和感から進められ、「女の労働が、多くの下層階級の労働とともに、決して正当に評価されることがなかった」現状に対する異議申し立てとして行われたものだった。「村々に老女をたずね始めた時」、「都会のごく一部の女たちを除けば、家事労働以外の労働についたことのない女たちに出遭う方がむしろ難かしかった」（上三六六頁）。川田は、「女たちの現在《いま》」として、子を連れてホステス稼業に生きる女たちにも聞き書きを行っている。高度経済成長や「都市部のホワイトカラー族の妻女」がもてはやされる風潮に抗するなかで、川田の聞き書きは行われたのである。

以上のように、川田の聞き書きは、女たちに「もっともっと耳を傾け」るなかで、「子を産み、育てることと労働が不可分であった」ことを受けとめたものであり、それはまた自らの生い立ちや仕事を深く振り返るものであり、川田に「子を連れて旅に出よう」と決意させるものでもあった。川田は、旅を続けるなかで、自らの聞き書きの意味を考え続けている。「資本主義経済の発展の途上で、文明の近代化の過程で、何を見失ってしまったのか、何を持ち続けていなければならなかったのか、さらに旅を続けなければならない」(上二一五頁)。「うかつにも見過ごした〝近代〟が女たちにとってはどんな意味を持っていたのか、さらに旅を続けなければならない」(上二一三頁)。全国各地を旅するなかで、広範囲な聞き書きが残されるとともに、聞き書きを通じた川田の思考過程も刻まれている。ここに本書の特徴があるといっていいだろう。

二 『琉球弧の女たち』

以前に川田の一九八〇年前後の三冊をとりあげた際には、本書下巻収録の『琉球弧の女たち』についてほとんどふれなかったので、[6] ここで言及しておきたい。

川田が沖縄に出かけるのには、三つの契機があった。一つ目は、沖縄の写真との出会いである。国際情報社につとめた川田は、一九六七年ころから、通信社やフリーのカメラマンが持ち込む沖縄の写真を見続けていたことであり、[7] 二つ目は、『世界画報』の「ある青春」の取材のなかで、沖縄出身のN君に出会ったことである(下一三頁)。N君の父親はメキシコ系アメリカ人、母親は、米軍支配下の沖縄で一時期米兵に身を寄せて生計を立てていた。東京では、沖縄の復帰運動が伝えられるようになったが、沖縄は川田にとって遠い島だった。そのようななか、川田はN君から、少年時代、〝アイノコ〟〝売女の子〟とののしられ、裏道ばかりを隠れるようにして学校に通った辛い記憶を聞いた。三つ目は、一九六七年に公開された今村昌平監督の映画「神々の深き欲望」をみて（下九二頁、二一二頁）、映画に出てきた「クラゲ島」に見立てた石垣島に関心をもったことである。(8) こうしたなかで川田は沖縄取材を企画提案したが、新米編集者になかなか取材費はおりず、またパスポートも必要な時代だった。(9)

沖縄への関心が強まるなかで、沖縄復帰後の一九七三年八月、三日間の夏休みに土、日を加えた五日間、川田は一〇万円を握りしめて沖縄に向かった。のちに川田は、最初の沖縄訪問を振り返っている。沖縄訪問は「老女の昔語りを聞くことが目的であった。ごく平常の、日々の暮らしのありようを私は問うたのだが、行く先々で戦話《いくさばなし》にぶち当たった。つい数日前、戦争が終わったかのように、沖縄にはまだ硝煙がたちこめている。そんな感慨を私は抱いた」(10)と述べている。

那覇から石垣島にプロペラ機でわたった翌日、川田は島を一周する観光バスで聞いたテープに強い印象を受けている。すりきれたテープは、八重山民謡を次から次に流したあと、突然、村の興亡の跡を語り始めた。マラリアで絶滅した村、台風や旱魃《かんばつ》にたたられて過疎になった村など、テープは、ここ二、三〇〇年にわたる石垣島の新村興亡譚《あらむらこうぼうたん》を語った。透明な空と海に光があふれ、時折見える廃屋には草が茫々と生い茂り、何軒かの家はひっそりと戸を閉ざすなかで流れたテープ。川田は、「八重山の島々が確かに神々の島であった」との思いを抱く（下九四頁）。「観光バスに乗らなかったら、沖縄が、私にとって特別な地にはならなかったに違いない」（下二一〇頁）というほど、川田は観光バスから大きな衝撃を受けた。観光バスは、「実に象徴的に歴史の輪廻のある側面を見せてくれた。ニライカナイを想像させる川平湾《かびらわん》と消え去った村の亡霊、使用前と使用後の広告写真のように夢と現実、あるいは神話と歴史が紙一重のところで折り重なっていた」（下二一二頁）。神話と歴史が折り重なる「沖縄の歴史の一側面――それは、繰り返された移民の歴史である」（同前）。

『琉球弧の女たち』は、石垣島や宮古島、竹富島などに渡り、八重山諸島の女たちに焦点を合わせて聞き書きをしたものである。この本には二つの特徴があるといっていい。ひとつは、移民の女の歴史に焦点をあわせていることである。移民は、沖縄本島から八重山諸島への移住と、八重山諸島から満州や南洋への移民である。沖縄本島からは、人口過剰と食料不足の解消のために八重山諸島に移住したものの、開墾が難しくて移住に失敗し、廃村に至った例が多くあった。また沖縄本島からは漁業にたずさわる糸満の女たちが移住しており、川田は糸満女たちに話を聞いている。もうひとつは、川田の聞き書きに一貫して流れている、労働と出産、衣生産を中心にして女たちに話を聞いていることである。

沖縄は出版物が多い。八重山も同様であり、幸いにも八重山に関する本を総覧した三木健編『八重山を読む』(11)が発刊されている。川田の『琉球弧の女たち』は、残念ながら『八重山を読む』ではとりあげられていないが、『八重山を読む』を読むと、八重山の女たちに焦点を合わせた聞き書きの本はないようである。『琉球弧の女たち』収録の本書下巻は、「接ぎ穂を折らずに」女たちから聞き書きをした本であり、八重山の本のなかでも特色のある本として位置づけることができるように思う。

（おおかど　まさかつ／早稲田大学特任教授・日本近現代史）

註

（1）大門正克「聞く歴史のなかで川田文子『赤瓦の家』を受けとめる」金富子・小野沢あかね編『性暴力被害を聴く――「慰安婦」から現代の性搾取へ』岩波書店、二〇二〇年。
（2）川田文子「語るにまかせて」前掲『性暴力被害を聴く――「慰安婦」から現代の性搾取へ』一〇六頁。
（3）大門正克『語る歴史、聞く歴史――オーラル・ヒストリーの現場から』岩波新書、二〇一七年。
（4）森崎―古庄―川田の系譜については、前掲、大門正克「聞く歴史のなかで川田文子『赤瓦の家』を受けとめる」も参照のこと。
（5）この解説を書く過程で川田に確認したところ、沖縄での聞き書きには、子どもを連れて出かけたとのことである。
（6）前掲、大門正克「聞く歴史のなかで川田文子『赤瓦の家』を受けとめる」。
（7）川田文子「女たちが語る復帰二〇年」『月刊社会党』第四四一号、一九九二年、六六頁。
（8）この解説執筆中に川田に確認したところ、「神々の深き欲望」に出てきた「クラゲ島」を八重山諸島、石垣島に重ねて石垣島を訪問したということだった。
（9）前掲、川田文子「女たちが語る復帰二〇年」、六六頁。
（10）同前。
（11）三木健編『八重山を読む――島々の本の事典』南山舎、二〇〇〇年。

あとがき

女性たちの人生譚に耳を傾ける旅を始めたのは、九人もの子を出産し、育てた経験を岩手で聞いたことがきっかけだ。

同時期に、松永伍一著の『日本の子守唄』で間引き、つまり、子殺しをうたった子守唄の存在を知った。

明治憲法では堕胎罪が規定され、病気など特定の理由以外は人工妊娠中絶は許可されなかった。殺児をうたった子守唄がひそかにうたわれたのは、狭小な田畑、低賃金など、子だくさんの家族の生存がおびやかされる状況を反映していよう。

敗戦時、筆者は二歳だったが、「産めよ、増やせよ」といった軍国時代の標語が脳裏に残っている。ニューギニアまで従軍した父の戦争体験を幼い頃、折あるごとに聞いていた。

茨城県出身の父と母は、敗戦後まもなく群馬県桐生市で衣料品や雑貨を行商や露店で販売するようになった。

父は将棋仲間から〝師匠〟とよばれるほど強かったが（つまり、適度な趣味の時間を持っていたが）、働く一方の母はナリフリかまわず頭デッカチの弟を背負って、自転車の荷台に青い大きな木製の箱をのせ、その中に入れた〝アイスキャンディ〟売りをした。女性のキャンディ売りなど母以外には見たことがなかった。色をつけた水をサッカリンで甘くし、凍らせただけの〝キャンディ〟だ。子どもの目からは父よりも母の方がずっと働き者に見えた。

父は仕入れた大きな石けんを売りやすいサイズに包丁で切る時、

〝儲からないから働かない

働かないから儲からない

と、呪文のようにとなえていた。

そのうち、衣料品の小売りと卸の店、三軒を営むようになった。しかし、借金を重ねて事業を拡げてきたため、筆者が高校一年の一二月に倒産、東京に越してきた。

いま、あらためて考えてみると、筆者は母や父と近しい階層の人々の語ることばに耳を傾け、記録していたのである。

装幀は『琉球弧の女たち』の装幀をしていただいた高麗孝彦さんに、また、解説は早稲田大学教授・大門正克さんにお願いしました。改めてお礼を申し上げます。

二〇二三年二月

川田文子

川田文子（かわた　ふみこ）

1943年生まれ。群馬県桐生市で育つ。早稲田大学文学部卒業後、出版社勤務を経て文筆業に。著書に『赤瓦の家――朝鮮から来た従軍慰安婦』（1987年筑摩書房、2020年新版・高文研）、『イアンフとよばれた戦場の少女』（高文研）、『「慰安婦」問題が問うてきたこと』（岩波ブックレット・共著）、『ハルモニの唄――在日女性の戦中・戦後』（岩波書店）など多数。
本書発行直後の2023年4月、永眠（79歳）。

女たちが語る歴史　下＝沖縄篇
――うない〈女性〉の記録

発行日　2023年3月10日　第1刷
　　　　2023年9月20日　第2刷
著者　川田文子
装幀　高麗隆彦
発行者　谷口和憲
発行所　「戦争と性」編集室
〒197-0802　東京都あきる野市草花3012-20
TEL・FAX 042-559-6941
http://sensotosei.world.coocan.jp/
E-Mail : sensotosei@nifty.com
印刷・製本　モリモト印刷

ISBN 978-4-902432-28-2　　Printed in Japan

戦争と性

34号

特集　性暴力のない社会へ――「自分ごと」として考える

A5判　一八八頁　本体一二〇〇円

性暴力をなくすにはどうすればよいのか？　性暴力被害当事者、法律家、研究者、教員、市民活動家など、様々な立場からの提言と、「自分ごと」として考える三七名の読者からの投稿も含めた、「希望」に向けたメッセージ。

被害者が望む法改正とは　山本 潤／広河隆一氏の性暴力事件に向き合う――男が自らを変えるために　金子雅臣／性暴力被害を受け止めることのできる社会へ　金富子／不同意性交が性暴力犯罪にならないのはなぜ　角田由紀子／他

33号

特集　象徴天皇制について考える――タブーなき議論に向けて

A5判　二三八頁　本体一二〇〇円

憲法で天皇の地位が「総意に基づく」とある以上、その総意をつくっていくのは主権者一人一人。そのためには少数意見を排除することなく、自由な議論が必要とされている。「タブー視しない」「知る」「考える」「語り合う」ための手がかりを提示。

憲法の視点で天皇制の監視を　横田耕一／日本軍「慰安婦」制度と天皇制　鈴木裕子／天皇の「平和主義」が日本の歴史認識を歪める　井上 森／天皇に人権を――天皇制の終わり方　上杉 聰／退位する明仁天皇への公開書簡　久野成章　田中利幸／他

「戦争と性」編集室発行

アルゼンチン 正義を求める闘いとその記録

――性暴力を人道に対する犯罪として裁く！

アクティブ・ミュージアム「女たちの戦争と平和資料館」（ｗａｍ）編

国家による過去の犯罪、人権侵害をどう裁くのか。アルゼンチンから、性暴力サバイバー、人権団体代表など、三人を日本に招いて、二〇一八年一〇月、上智大学で開かれた国際シンポジウムの記録。

Ａ５判　八六頁　本体七〇〇円

天皇のはなしをしましょう

――「あたりまえ」だとおもっていることは、ほんとうにあたりまえなのかしら？

彦坂　諦

生涯をかけて「戦争と人間」を追究してきた著者が問いかける、「日本国民の総意」への疑義。「日本に天皇制って必要だよね」と思う、その「あたりまえ」をひっくりかえす！

四六判　一九六頁　本体一五〇〇円

女たちが語る歴史

上＝北海道・東北・上信越他篇
――農漁村女性の記録

川田文子

「麻を織るのは糸を紡ぐところから始まるのですか？」「いんや、種をまくところからだ」――この一言に衝撃を受けた著者は、全国の農漁村を訪ね歩く。一九七〇年代に聞いた明治生まれの女性たちの話には、時代を越えて響く〈温かさ〉と〈豊かさ〉があった。

四六判　三六八頁　本体二二〇〇円